ヒトラー、スターリン、毛沢東
3大狂人伝説

独裁者の真実を研究する会

宝島社

巻頭グラビア

ヒトラー

ムッソリーニ（左）と

別荘で愛犬とエヴァ・ブラウンと

若かりし頃

レーニン（中）、トロツキー（右）と

スターリンの息子ワシリー（左）、
娘スヴェトラーナ（中）と

左からヨシフ・スターリン、アレクセイ・ルイコフ、レフ・カーメネフ、グレゴリー・ジノヴィエフ

毛沢東
兵

林彪（右）と

江青（チアン・チン）、毛沢東の
妻。若い頃は女優だった

若かりし頃

カリスマになった毛沢東のポスターが貼られた列車、南京近くの長江開通式（1968）

2〜17頁の写真はすべてアフロ

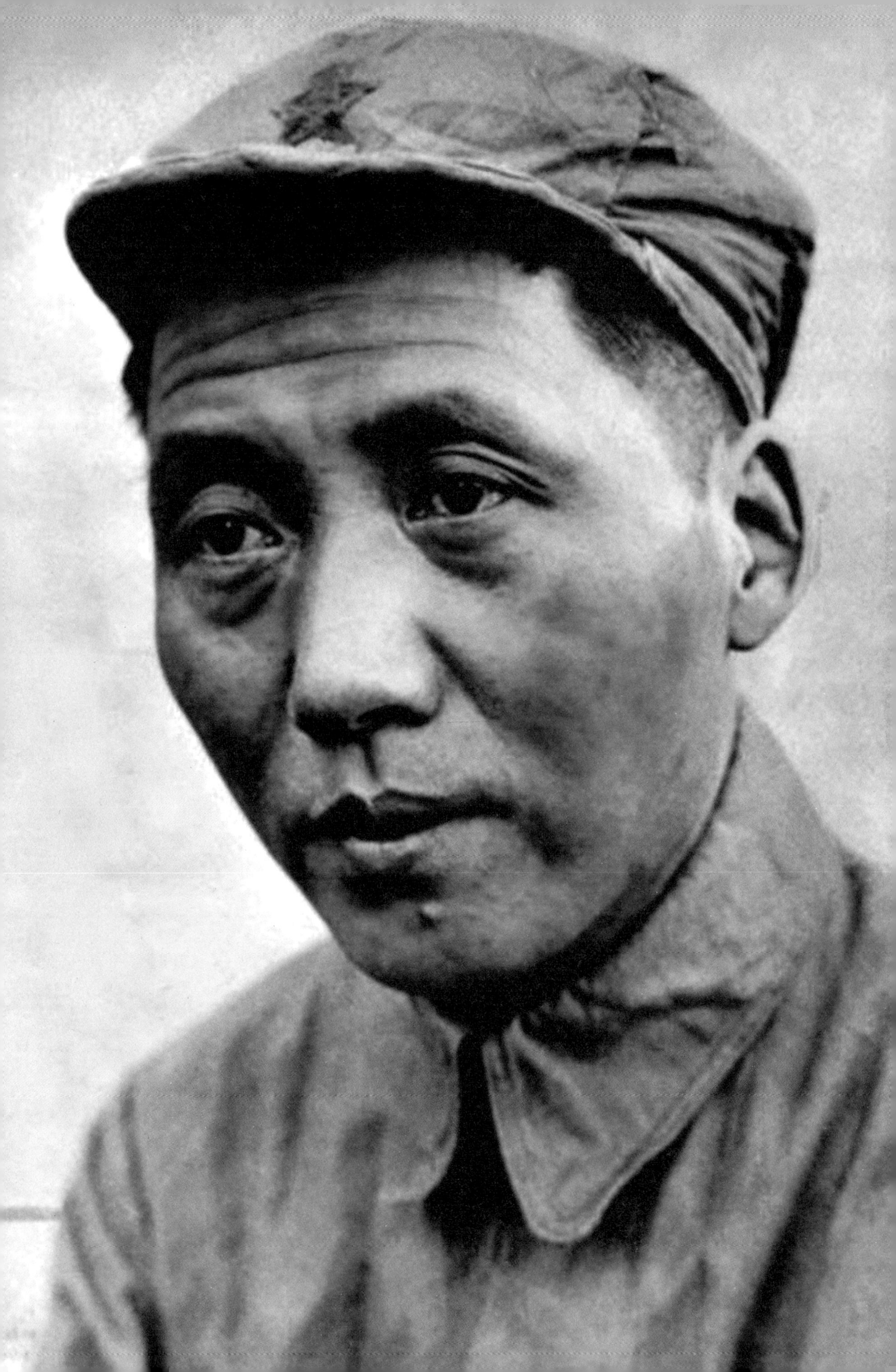

巻頭グラビア

ヒトラー……2
スターリン……7
毛沢東……12

第1章 ヒトラーの狂人伝説

母親に溺愛された少年は
芸術家志向のニートになった……22
フェルキッシュ運動に
目覚めたとされる20歳ごろ……24
ヒトラーがモンスターに
なった第一次世界大戦での敗北……26
ドイツ労働者党を乗っ取って
ナチスに変えたヒトラー……28
『わが闘争』に描いた
ヒトラーのカリスマ神話……30
合法的に政権を取る!
圧倒的なプロパガンダ……32
議会での躍進
ナチスが第一党に……34
ヒトラーがドイツの首相に
強力な中央政権づくりに策略……36
全権委任法が成立
合法的にヒトラーが独裁者に……38
SAの指導者だった
レームを殺し国軍が実権を……40
権力と領土拡張にしか
興味のなかったヒトラー……42
始まったヒトラーの領土拡張
非武装地帯へ進軍……44
ヒトラーの野望のために
国軍幹部と外相を更迭……46
侵略戦争と共に
広がるユダヤ人迫害……48
ゲットーにユダヤ人を
閉じ込めたヒトラー・ナチス……50
アンフェタミン中毒になり
敗戦を見ずに自殺したヒトラー……52

第2章

スターリンの狂人伝説

真面目で辛抱強い性格が鋼鉄の人、スターリンを生んだ!? …… 56
鋼鉄の意思を育んだ病気と2度の怪我、さらに父親 …… 58
ボリシェヴィキとレーニンとの出会い …… 60
暗殺と強盗に励むスターリンの日々 …… 62
チェーカーの赤色テロも擁護 …… 64
未確定の反動分子を裁判なしに処刑 …… 66
軍事的失敗をレーニンとトロツキーに批判され、逆切れ …… 68
党員の人事権を握った独裁者スターリン …… 70
レーニンはスターリンの書記長からの排除を求めていた …… 72
ひとりひとり政敵を追い落とすスターリン …… 74
一国社会主義という耳障りの良い政策 …… 76
レーニンという虎の威を借るスターリン …… 78
農業の集団化で1200万人の死者 …… 80
トロツキーを一緒に追い落としたジノヴィエフとカーメネフを処刑 …… 82
古参幹部の一掃狙いは子飼いの全登用 …… 84
子飼いに暴かれた「諸民族の父」という偶像 …… 86

第3章

毛沢東の狂人伝説

社会正義の理想に燃える若き毛沢東 …… 90
マルクス主義に目覚める毛沢東 …… 92
1927年上海クーデター殺された500人 …… 94
地主・富豪を襲って虐殺財産没収の「土地革命」 …… 96
「潜入国民党工作員」の処刑「富田事件」 …… 98
国民党の攻撃で失脚した政敵たち …… 100
4万人を処分整風運動 …… 102
「五反運動」と朝鮮戦争で反対勢力を抹殺 …… 104
独裁体制を補完するため「百花斉放百家争鳴」運動を提唱 …… 106
知識人の50万人を右派として弾圧 …… 108
5000万人が餓死した20世紀最悪の政策 …… 110
インチキ専門家が指導した鳥の全駆除 …… 112
4人組、姚文元の批判から始まる権力奪還闘争 …… 114
過激化する近衛兵を弾圧した毛沢東 …… 116
対ソ連で利害が一致したニクソンと毛沢東 …… 118
毛沢東の死で終わった文革路線 …… 120
実権派で生き残った鄧小平が権力を掌握 …… 122

第1章

ヒトラーの狂人伝説

ヒトラー1

母親に激愛された少年は芸術家志向のニートになった

幼少期から青年期

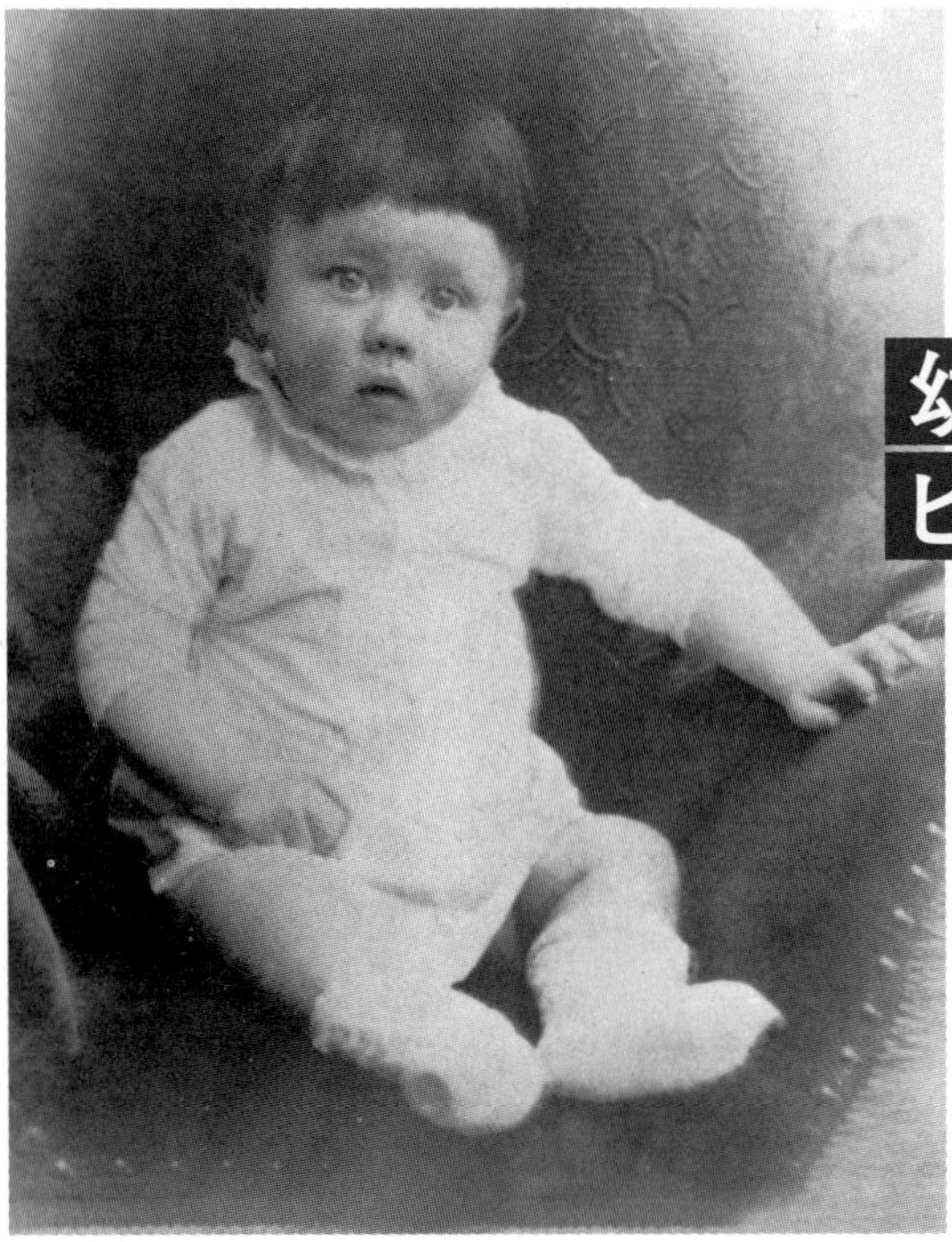

幼い頃のヒトラー

1890年3月9日に、オーストリア・ブラウナウで撮影されたアドルフ・ヒトラーの最初の写真（写真：アフロ）

オーストリアに生まれたヒトラー

ヒトラーの狂気はどこで生まれ、どこで育ったのか？

ヒトラーが反ユダヤ主義の思想を手に入れたのは、20歳ごろに生活していたウィーンであると『わが闘争』に書かれている。反ユダヤ思想がオーストリアで蔓延していた時代でもある。

ちなみに、アドルフ・ヒトラーはドイツ生まれではない。１８８９年4月20日に、オーストリア・ハンガリー帝国のブラウナウで誕生した。この時、父のアロイス・ヒトラーは52歳になっており、妻は3人目のクララ・ヒトラー（旧姓ペルツル）であった。クララは29歳、夫とは23歳もの年齢差があった。

ちなみに、父アロイスは強権的で怒りっぽく、暴力をふるい、息子たちをよく殴ったと言われる。そのため、父の虐待が、アドルフの精神に何らかの異常を引き起こしたと言われるが、実際は、それほどのことはなかったらしい。ヒトラーが晩年、狂人になってしまうが、それは薬のせいである。

それよりも、母のクララに激愛され、甘やかされて育ったことは間違いない。彼の少年期は貧乏で不幸だったと言われるが、これも間違っている。父親が亡くなるまでは裕福だったし、自由気ままに生きていた。

アドルフはクララにとって4人目の子どもで、上の3人は幼児期に亡くなっている。アドルフの下には弟と妹がいたが、弟は6歳で亡くなり、妹だけが残った。

クララは、一人だけ育った男子のアドルフを激愛した。それは一人息子に愛情

mini column

ヒトラーの血脈の謎

ヒトラーはイギリス王族ロスチャイルド家(!?)の血を引くという説がある。宝島SUGOI文庫『ヒトラー狂気伝説』のなかでベンジャミン・フルフォードが語っている。イギリス王室関係者から聞いた話として、「ヴィクトリア女王は、ロスチャイルド家の当主であるネイサン・メイアー・ロスチャイルドの子どもを産んで、その子どもをイギリス王族として他国の王家に送り込んでいた。(中略) その一人にアドルフ・ヒトラーがいた。(中略) イルミナティー・ロッジP2派は〝貴種〟として野に下っていたヒトラーに目をつけ、ヨーロッパに独裁帝国をつくらせてようと画策した」というのだ。信じるか信じないかはあなた次第!?

税関職員だったヒトラーの父、アロイス・ヒトラー(写真：アフロ)

ヒトラーを激愛したクララ・ヒトラー(旧姓ペルツル、写真：アフロ)

ヒトラーが生まれた場所

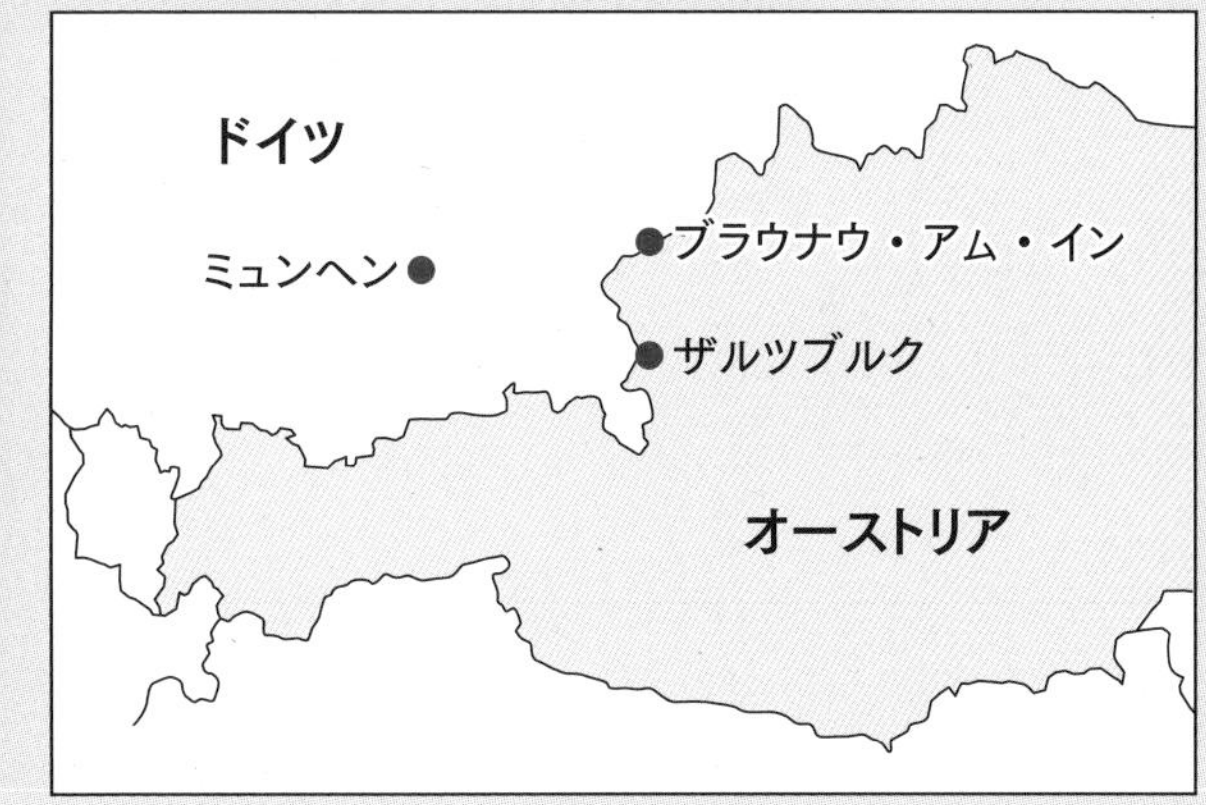

オーストリア北部のオーバーエスターライヒ州の国境の町、ブラウナウ・アム・イン

を注ぐどの母親とも同じであった。

働くことを嫌った青年期

父親は靴職人から身を立て、大蔵省の下級官吏までになった苦労人であった。定年後は田舎に土地を買って念願の養蜂をはじめた。彼はアドルフにも官吏になりコツコツと働くことを望んでいたが、1903年1月3日に肺胸膜出血のため死亡してしまう。

ヒトラーはこの父親を尊敬していると『わが闘争』では書いているが、父親の仕事は嫌っていたのだ。同じく『わが闘争』で、ヒトラーは官吏の仕事は絶対に嫌だと書いている。

彼が望んだ仕事は芸術家だ。はっきり言って、ヒトラーはコツコツ働くことが嫌だった。それは、今どきのニートと変わらない。学業もそれほど身を入れていない。

父親が1903年に亡くなったことによる遺族年金と遺産で、母親と細々と暮らしながら、学業も仕事もせずに怠惰な生活をし、芸術家になるのを夢見ていたのが、ヒトラーの青年期である。

ヒトラー2

フェルキッシュ運動に目覚めたとされる20歳ごろ

『わが闘争』で書かれたウィーン時代

20歳ころにヒトラーが住んでいたウィーン（写真：アフロ）

芸術家に憧れ挫折

ヒトラーは『わが闘争』で、彼が反ユダヤ主義を手に入れたのは20歳前後のウィーンであったと書いている。1908年からヒトラーは唯一親友と言えるアウグスト・クビツェクとウィーンに住む。

その前年の10月に、ヒトラーは一回目の芸術アカデミーの受験に失敗している。さらに11月には最愛の母クララが亡くなった。ヒトラーは父と母が亡くなったことによる孤児年金と叔母からの仕送りで生活することになる。

それでも、芸術家の夢をあきらめきれないヒトラーはウィーンで再度受験するが、それも失敗。その挫折が大きかったのか、1909年にヒトラーはクビツェクとの同居をあきらめ、突然姿を消してしまう。

そして、ヒトラーはみすぼらしいホテルや簡易宿泊所に寝泊まりすることになる。この時、ヒトラーが出会ったのが、フェルキッシュ（民族至上主義）運動である。ホテルや簡易宿泊所に置いてある新聞で、この運動の主義主張を読みあさった。

フェルキッシュ思想は、ゲルマン民族の優位性（汎ゲルマン主義）と「人種の純粋性」を訴える。ゲルマン民族は他人種より優れていて、歴史的な支配民族であるとするものだった。そしてゲルマン民族は社会の変化によって分断されており、その犯人は自由主義者とユダヤ人であるとした。まさに、汎ゲルマン主義による反ユダヤ主義の思想であった。

当時のウィーンには10～15％のユダヤ

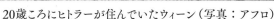

ヒトラーが影響を受けた4人

ゲオルク・シェーネラー
オーストリア＝ハンガリー帝国の政治家。汎ゲルマン主義とドイツ民族主義の提唱者

カール・ルエーガー
19世紀後半のウィーン市長、激しいユダヤ人攻撃で市長に当選

グイド・フォン・リスト
古代ゲルマン民族の宗教の復興を唱えたジャーナリスト

ヨーゼフ・ランツ
優生思想の雑誌『オースタラ』の編集長

人がいた。そして、19世紀終わりには、それに対する反ユダヤの考え方を持つ政治家もいた。

ウィーン市長のカール・ルエーガーや帝国参議院議員だったゲオルク・シェーネラーなどだ。ヒトラーは『わが闘争』で、この二人を絶賛している。

まだ反ユダヤ主義者ではなかったヒトラー

ウィーンにいたころのヒトラーは、さらに、グイド・フォン・リストによって紹介された古代ゲルマン人の太陽のシンボルである鉤《かぎ》十字を知り、彼が主張する汎ゲルマン主義に共感した。そして、人種差別主義、優生学の雑誌である『オースタラ』の熱心な読者であった。

まさに、このとき、ヒトラーは優生思想にもとづく反ユダヤ主義の思想に触れたのだ。ただし、ヒトラーは、まだ反ユダヤ主義者ではなかった。彼と討論をした当時の人は、ヒトラーはユダヤ人にも肯定的であり、シオニズムにも賛成であったと証言している。

ヒトラー3

第一次世界大戦

ヒトラーがモンスターになった第一次世界大戦での敗北

奇妙な口髭のヒトラー（一番右、写真：アフロ）

兵役を逃れたかったヒトラー

ヒトラーがモンスターになったのは、第一次世界大戦での体験と敗北であった。

1913年ヒトラーはウィーンからミュンヘンに旅立つ。兵役を逃れるためだ。

彼はハプスブルク家のオーストリアのために戦いたくはないと、兵役を逃れた理由を『わが闘争』で書いている。しかし、本当の理由は〝きつい〟戦闘訓練に行きたくなかっただけだ。兵役を逃れて、ミュンヘンにたどり着いたヒトラーだったが、身元がバレしまい、拘束される。しかし、〝運よく〟病弱で兵役免除になった。

1914年、第一次世界大戦が始まった。ヒトラーは志願兵としてドイツ軍に入った。入った理由は「ドイツのために戦う」ということ以上に生活のためであった。兵士になれば、寝る場所と衣服と食には確実にありつける。

彼はここで伝令として任務に就く。最前線で戦っている兵士に比べれば、危険度は低い。しかし、彼は伝令司令部に落ちた爆撃と、塹壕に残った毒ガスで、二度負傷している。二度目の負傷では一時視力をなくし失明の危機であったが、回復した。

アジ演説の能力を買われたヒトラー

ヒトラーはこの時のことをアメリカのジャーナリストに答えて、

「もはやなにも見えなくなっていた。だが、突然、見えるようになった。この視力回復は、わたしのインスピレーションでもあった」

と語っている。本当にインスピレーションがあったかはわからない。さらに、第一次世界大戦でドイツは敗戦し、ヴェルサイユ条約で膨大な額の賠償金を各国から請求されることになる。これに、ヒトラーは非常にショックを受けた。〝ゲルマン民族の祖国が破れ、蹂躙《じゅうりん》されている〟、これはヒトラーに限らず、多くのドイツ軍の兵士が持った感情である。

戦争の開始に熱狂するヒトラー

群衆とともに戦争開始の演説に興奮するヒトラー（円内、写真：アフロ）

しかし、ここを境に彼のアジ演説は、非常に力強くなり、熱情的になり、多くの人々を魅了するようになった。失明と敗北がモンスターに最大の武器を与えてしまったのだ。

敗戦後のドイツは世界初の民主主義国であるワイマール共和国が成立し、共産主義（ボルシェビキ）革命前夜の狂騒の中にあった。一方、これに対抗していたのが、旧ドイツ帝国陸軍の流れをくむ国軍であった。ヒトラーはこの国軍で情報任務のカール・マイヤー大尉にひろわれ、ワイマール共和国軍にスパイとして潜入することになった。

この時、カール・マイヤーはヒトラーに非常に優れたアジ演説の才能があることに気がついた。マイヤーはその才能を伸ばすべくヒトラーにミュンヘン大学で経済と政治史の授業を受けるよう命令した。

ヒトラーはこの授業で後にナチス公認の経済学者になるゴットフリート・フェーダー教授に出会う。そこでフェーダー教授からヒトラーは「ユダヤ人は、世界の金融をコントロールして暴利を貪り、各国の生産者を奴隷状態においている」「だから資本主義社会は、このユダヤ人を排除しなければならない」という講義を聴くことになる。

ヒトラーはここでユダヤ人に対する「反国際資本主義」の思想を手に入れたのだ。

モンスターに「汎ゲルマン主義」、「反ユダヤ主義」、「反国際資本主義」の3本の思想的支柱を与えてしまった。

ヒトラー4

国家社会主義ドイツ労働者党

ドイツ労働者党を乗っ取ってナチスに変えたヒトラー

体全身を使っての演説は聞くものの心を揺さぶった（写真：アフロ）

演説で魅了するヒトラー

ヒトラーの演説はなぜ人を魅了したのだろうか？

それは熱情的であり、地方なまりのドイツ語なのに活舌が良く、人々の気持ちをテンポよく盛り上げていく、その人並外れた演説の才能にあったのは間違いない。しかし、それだけでなく、現在のポピュリズムと同様、民衆の気持ちを代弁することにあった。

その一つにヴェルサイユ条約の破棄がある。ドイツに膨大な賠償金を背負わせた条約、そのヴェルサイユ条約破棄を徹底的に訴えたのがヒトラーだった。

１９１９年、ヒトラーはマイヤー大尉から過激な国粋主義の小党ＤＡＰ（ドイツ労働党）の潜入を命じられる。ヒトラーはそのＤＡＰの集会で、ヴェルサイユ条約破棄を訴えた。

「ヴェルサイユ条約によって、わがドイツは空軍が禁止され、海軍も無力化され、陸軍も５分の１以下に一挙に削減され、植民地もすべて失った。押し付けた当の英仏はそれを『人間的条約』だと呼び、国内左翼や議会主義勢力は大戦中から『妥協の講話』『和解の平和』を喧伝していた。しかし、その実態は詐欺と暴力ではないか！」

ヒトラーの演説が呼び物となり、DAPは党勢を拡大していく。そして、とうとうヒトラーはDAPの党名をNSDAP（Nationalsozialistische Deutsche Arbeiterpartei＝国家社会主義ドイツ労働者党＝ナチス）に変えさせ、さらにその党の総裁にまで昇りつめた。

ナチスの集会には、ヒトラーが入る前、数十人しかいなかった参加者が数千人規模にまで広がり、資本家たちまでも参加するようになった。その中には、英米のジャーナリストと大きな人脈を持つエルンスト・ハンフシュテングルや第一次世界大戦のエースパイロットで重工業界の重鎮たちと親戚関係にあるヘルマン・ゲーリングがいた。

あっという間に鎮圧されたミュンヘンクーデター（写真：アフロ）

失敗したミュンヘンクーデター（一揆）

1923年11月8日、調子に乗ったヒトラーはSA（突撃隊）を率い、ドイツのバイエルン州政府の転覆を目指してミュンヘンでクーデターを起こした。この13カ月前にはイタリアのムッソリーニがファシスト党を率いてローマ進軍を成功させ、政権についていた。

それをモデルにしたのだが、これは失敗に終わる。ヒトラーでも、そうはうまくいかない。失敗の大きな原因は、警察がヒトラーの味方につかなかったことだ。

軍はヒトラー側だった。ヒトラーは、かつてのドイツ軍の参謀本部次長だったエーリヒ・ルーデンドルフを味方にしていた。ルーデンドルフはかつての部下で、当時ワイマール共和国軍の陸軍総司令官であったフォン・ゼークトと軍は出動しないと約束を取り付けていた。

しかし警察は違った。警察はクーデター側のデモ隊に発砲し16名を射殺。ヒトラーとルーデンドルフを含む数百人を逮捕。ゲーリングは負傷したが、なんとか逃げることができた。その後、国防軍も出動し反乱軍を鎮圧した。

このクーデターでヒトラーは禁固5年の判決を受けたが、逆に知名度を上げることに成功している。裁判を通じて全世界にその名を知らしめることができたのだ。実際の服役期間も13カ月で済み、その間、ヒトラーは秘書のルドルフ・ヘスの協力のもと『わが闘争』を書き上げている。

ヒトラー5
刑務所の13カ月

『わが闘争』に描いたヒトラーのカリスマ神話

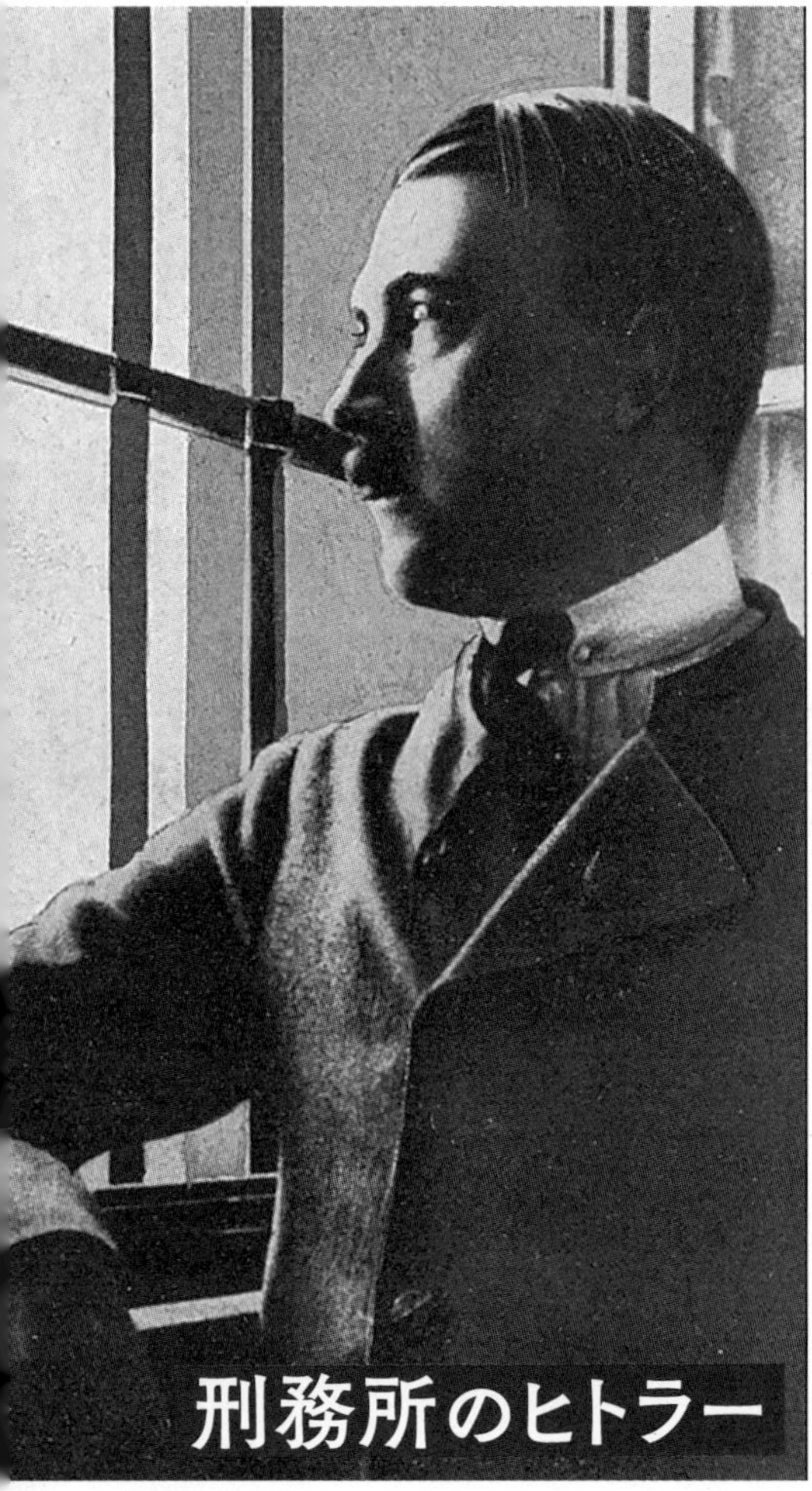

1924年のミュンヘンでのクーデター失敗後、ランツベルク・アム・レヒ（ドイツ）の刑務所にいるヒトラー（写真：アフロ）

ヒトラー自身のプロパガンダ

『わが闘争』は、自らの思想形成の半生をつづった自伝という側面もある。もちろん、その思想は、汎ゲルマン主義であり、反ユダヤ主義であり、反国際資本主義である。

ヒトラーは、この思想が、自らが20歳のウィーン時代に形成されたことを強調する。確かに芸術家の夢に破れたヒトラーにとって、これらの思想は魅力的だっただろう。しかし、確固たるものではなかった。

しかし、なぜ、それほどまでに20歳のころを強調するのか？

答えは自らのカリスマ性を作り上げるためであった。『わが闘争』は自らのプロパガンダの本である。発売されたころはほとんど売れなかったが、ヒトラーがドイツの総統になるとベストセラーになった。

ヒトラーは、自らの半生を神話化しようとしていた。20歳のころのヒトラーは、汎ゲルマン主義や反ユダヤ主義の思想を会得し、覚醒前ではあるが、その思想を体現する者として神から使命を受ける選ばれし者であるとしたかったのだ。

そして、第一次世界大戦を経てヒトラーは覚醒した。神から選ばれし者として、優秀なるゲルマン民族を率いる崇高な指導者であると描いてみせたのだ。

党員に誓わせたヒトラーへの忠誠心

1924年12月20日、ヒトラーは仮釈放された。そして、ナチスの再建にいそしむことになる。このころからヒトラー

『わが闘争』のオリジナル

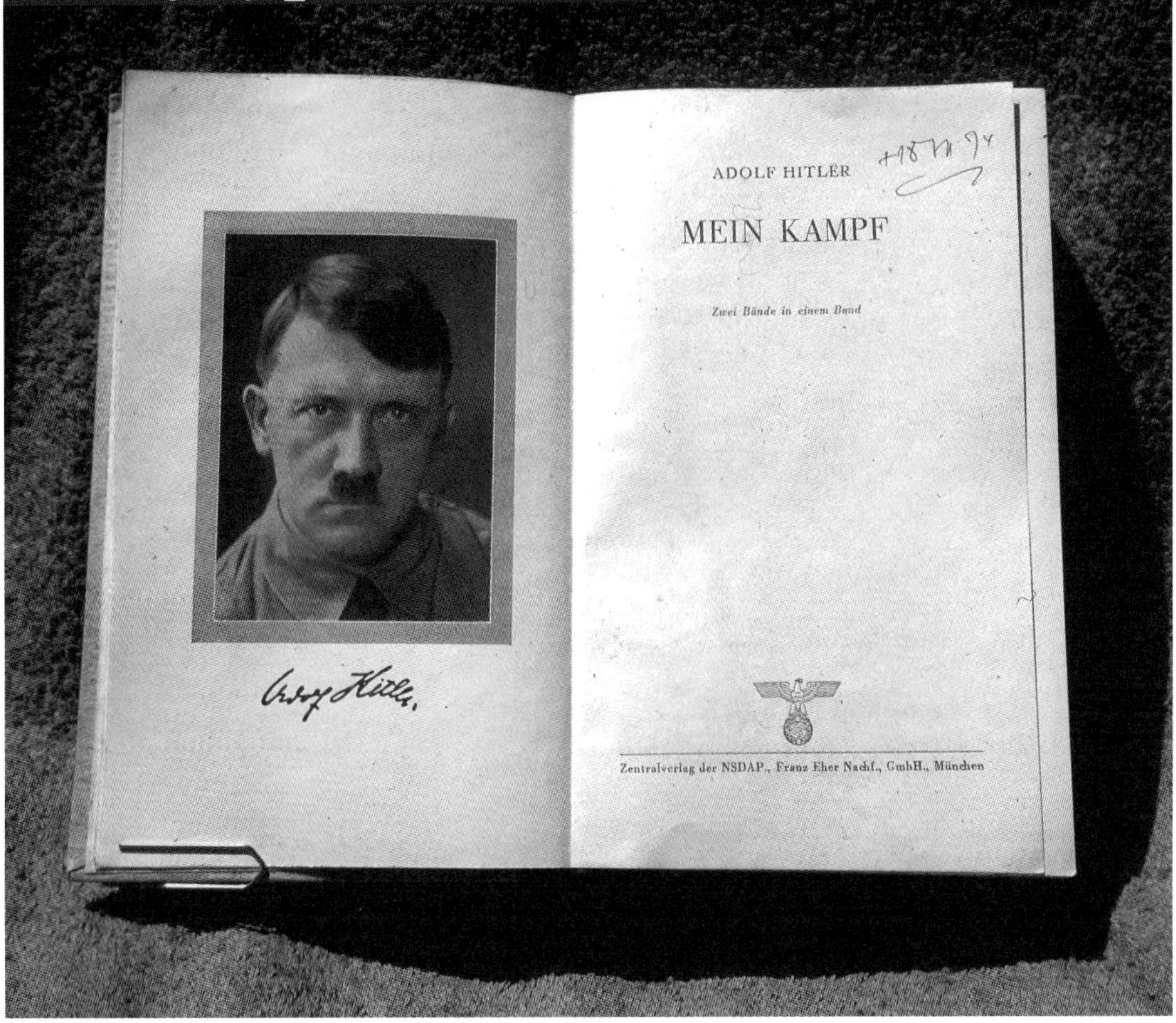

『我が闘争』のオリジナル版
（写真：アフロ）

の独裁者のとしての側面が色濃く出るようになった。ヒトラーはナチス党員に以下の宣言をさせている。

「あらためて総統アドルフ・ヒトラーに不動の忠誠と服従を固く心に誓います。われわれはかわることなく国民的社会主義をドイツ勤労者の解放、したがってドイツの革新のための唯一の道とみなし、今後ともわれらが総統アドルフ・ヒトラーの下、この思想のために断固闘う決意と意思です」

『わが闘争』で自らの神話を作りカリスマ性を描いてみせたヒトラーは、ナチスの党員に自らへの忠誠を誓わせ、独裁者の道を突き進むことになる。

ちなみに、ミュンヘンクーデター以前のナチスの党員数は約5万5000人であったが、ヒトラーが仮釈放された翌年の1925年4月では521名でしかなかった。

そして、2年後の1927年3月には5万7477名とミュンヘンクーデター以前を凌ぐ党員数になる。これは、ヒトラーのカリスマ性とともに、地道な党活動が党勢を拡大したからだ。

ヒトラー6　党勢の拡大

合法的に政権を取る！圧倒的なプロパガンダ

演説の学校まで作ったナチス

ナチスの拡大は１９２９年の世界恐慌が大きな切っ掛けであったと説明される。しかし、それはナチス台頭の原因を外的要因だけに求める人の一方的な見方でしかない。

当時、ナチスは頻繁に集会を開いて人々を動員している。そのためにナチスは集会での演説者を養成する学校まで作っている。ヒトラーはミュンヘンクーデターの失敗に凝りて、合法的手段で権力を奪取することを考えた。その一つが集会での人々の動員とそれを国会選挙での得票につなげることであった。

集会は１９２８年で２万回にも及んだ。この年３月のナチスの党員数は８万５４６４人に増えている。１９２８年３月は、

のポスター

ドイツの金髪アーリア人理想主義家族を描いたもの。「アドバイスや援助が必要な場合は、地元のNSDAP党に問い合わせてください」の文字が（写真：アフロ）

1930年代ナチス

右上：1932年の国会議員選挙の選挙ポスターには「飢餓と絶望に抗してヒトラーに投票せよ」の文字が（写真：アフロ）

右下：選挙ポスター、「労働者よ！前線の兵士ヒトラーに投票せよ！」と書かれている（写真：アフロ）

左上：「若者は総統に仕える」、「ヒトラーユーゲントの10歳全員」と表現されている。1936年頃のヒトラー・ユーゲントのポスター（写真：アフロ）

左下：1936年のポスター。ポスターの文字は「ヒトラー、我々の最後の希望」（写真：アフロ）

まだ世界恐慌の前であり、アメリカは空前の景気に沸いていた。この年にナチスは党勢を拡大し、民族至上主義の党派としては第一党に躍り出ている。

さらに、プロパガンダの強化に乗り出していた。ＳＳ（親衛隊）の全国指導者に就任することになっていたハインリヒ・ヒムラーが各選挙区で7～10日の間に、70～200もの集会を行い、他の党派を凌駕しようとするプロパガンダ集中作戦を考えた。

そのため集会には、ＳＡやヒトラー・ユーゲント（青少年団）を動員し、彼らとの夕べを催し自動車を使い移動書店を作って本を売り、パンフレットを配布し、宣伝用ポスターも貼りまくった。

そして、党勢拡大のために、中小農民層をターゲットに政策を提案していた。「伝統的農村の古い身分的体制を変え、農村の再編成を行い、農民を救済する」と中小農民たちに訴えた。世界恐慌に先立つ農業不況にあえいでいたドイツの中小農民は、固定資産税の納入拒否、土地の強制転売拒否、政府への協力拒否などの直接行動をしていた。

しかし、その運動が弾圧されると、彼らは雪崩《なだれ》を打つようにナチスの支持者になっていった。ナチスの党勢拡大には地道な党活動があったことを見逃してはいけない。

ヒトラー7 党勢の拡大2

議会での躍進 ナチスが第一党に

ドイツの失業率の推移

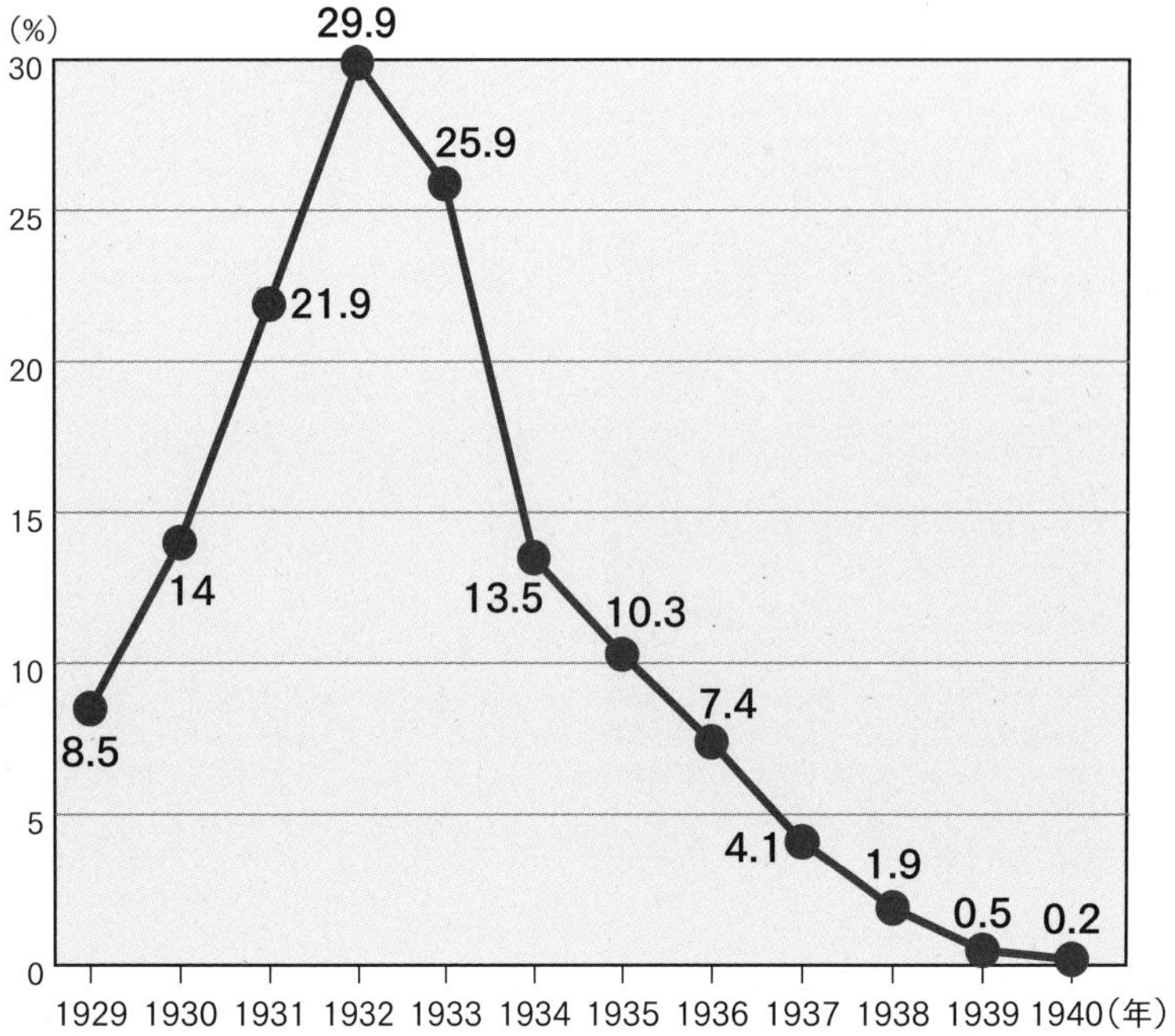

世界恐慌という神風が吹く

1928年10月、ナチスは党員が10万人を突破したと大々的に発表している。しかし、10万人ではドイツで政権を奪うことはできない。

そこに神風が吹いた。ブラックマンデーである。1929年10月24日、アメリカの株式市場は大暴落を引き起こした。それを契機として世界全体が大恐慌に陥った。

ドイツでは1930年に恐慌が広がり、年末には350万人の失業者がでている。そして、この年の9月に行われた国会選挙でナチスは18・3％（640万9000票）の得票率を得て107議席を獲得した。前回が12議席であるから大躍進である。このとき共産党も増やしているが、議席数は54から77になっただけだった。ナチスは共産党を抜いて第2党になっている。

労働者の多くがナチスを選んだ

共産党の支持基盤である労働者の多くは共産党ではなく、ナチスに投票している。彼らは失業を恐れ共産党ではなくナチスを選んだのだ。

1931年、ドイツの失業者は500万人に達した。ドイツはヴェルサイユ条約による賠償金の支払い不能に陥る。そして、ナチスの党員は40万人に達していた。

ヒトラーはこの年の2月の大統領選に出馬する。相手はパウル・フォン・ヒンデンブルグである。決選投票でヒトラーは1340万票を獲得するが得票率は36・8％で、53・1％を獲得したヒンデ

1930年の選挙結果

党名	得票	得票率（前回比）		議席数（前回比）	
ドイツ社会民主党（SPD）	8,575,244票	24.53%	-5.23%	143議席	-10
国民社会主義ドイツ労働者党（NSDAP）	**6,379,672票**	**18.25%**	**15.65%**	**107議席**	**95**
ドイツ共産党（KPD）	4,590,160票	13.13%	2.53%	77議席	23
中央党（Zentrum）	4,127,000票	11.81%	-0.29%	68議席	7
その他	11,284,395票	32.28%	―	182議席	-35
有効投票総数	34,956,471票	100%		577議席	86

1932年7月の選挙結果

党名	得票	得票率（前回比）		議席数（前回比）	
国民社会主義ドイツ労働者党（NSDAP）	**13,745,680票**	**37.27%**	**19.02%**	**230議席**	**123**
ドイツ社会民主党（SPD）	7,959,712票	21.58%	-2.95%	133議席	-10
ドイツ共産党（KPD）	5,282,636票	14.32%	1.19%	89議席	12
中央党（Zentrum）	4,589,430票	12.44%	0.63%	75議席	7
その他	5,304,896票	14.39%	―	37議席	-97
有効投票総数	36,882,354票	100%		608議席	38

1932年11月の選挙結果

党名	得票	得票率（前回比）		議席数（前回比）	
国民社会主義ドイツ労働者党（NSDAP）	**11,737,021票**	**33.09%**	**-4.18%**	**196議席**	**-34**
ドイツ社会民主党（SPD）	7,247,901票	20.43%	-1.15%	121議席	-12
ドイツ共産党（KPD）	5,980,239票	16.86%	2.54%	100議席	11
中央党（Zentrum）	4,230,545票	11.93%	-0.51%	70議席	-5
その他	6,275,082票	17.69%	―	97議席	16
有効投票総数	35,470,788票	100%		584議席	-24

ンブルグには勝てなかった。

しかし、連立政権の組閣に失敗したヒンデンブルグは国会を解散。7月31日の国会選挙ではナチスは得票率37・2％で２３０議席を獲得、第1党に躍り出た。しかし、それでも、過半数を得ることはできなかった。

ちなみに、この時の選挙で共産主義者とナチス党員の乱闘があり、多数の死傷者を出している（アルトナ血の日曜日）。

ヒトラーはここで強硬策に出る。首相になれない限りは政権に参加しないと表明した。そのため、またしても連立政権ができないヒンデンブルグは国会を解散、11月6日に国会選挙が行われた。

ここで、ナチスは得票を２００万票減らすが第1党の位置は守った。ヒンデンブルグは組閣を国防相であったシュライヒャー将軍にゆだねるが、全権を求めたシュライヒャーの要求をヒンデンブルグが断ると、シュライヒャーは辞任してしまう。

そして、とうとう、政権を担うものが誰もいなくなる。ヒトラーを除いて。

ヒトラー8

共産主義者と反対勢力への弾圧

ヒトラーがドイツの首相に強力な中央政権づくりに策略

発せられる緊急令

「だれが何をしようと、われわれはここを出て行かない。死なない限り!」。ヒトラーは首相になった当日、友人のゲーリングにこう言ったという。

犯人は共産主義者のルッペとされた(写真:アフロ)

1933年1月30日、43歳のヒトラーはとうとう首相になった。そして、この言葉通り、ヒトラーは死ぬまで首相府に居続けることになる。

政権の座に就いたヒトラーは「強力な中央政権の構築」に取り組んだ。これはナチスの25項目にわたる綱領の最後の項目に含まれるものだ。まず始めは再度の国会選挙の告示だった。

ナチスが政権を取っているとはいえ、議席数は196。連立を組んでいる国家国民党の議席数は52。両方合わせても248議席で、総議席数の半分にも満たない。この状況を変えない限り、強力な中央政権はできない。そのためには国会選挙が必要だ。

そして、2月4日には「ドイツ国民を防衛するための大統領緊急令」を発し、集会・出版の自由を制限し、特に共産党や社民党の選挙集会、機関紙を禁止対象にした。さらに、ヒトラーはドイツ最大の州で領内の3分の2を占めるプロイセンの内務相にナチスのゲーリングをあてた。彼は、州内の共和国派の警官を一掃し、あらたにSS(ナチス親衛隊)やSA(ナチスの突撃隊)のメンバーを警官に採用している。

ゲーリングはこの警官に銃の使用を認め、共産党が政府転覆を狙っているという口実のもと、ベルリンにある共産党本部の家宅捜索を強行したのだ。

炎上する国会議事堂

極めつけが2月27日の国会議事堂の炎上である。火災現場で現行犯逮捕されたのは元共産党員でオランダ人のマリヌス・ファン・デア・ルッペであった。彼はあっさりと放火を自白した。

ヒトラー政権は、この事件を共産党に

就任が決まって民衆に答えるヒトラー（写真：アフロ）

よる組織的犯行であるとして、28日の明け方に共産党員の一斉検挙に踏み切った。ちなみに、国会議事堂の放火場所は4カ所あったが、犯人のルッペは、自分がいた場所以外の3カ所については知らなかった。そのため、いまだに放火が彼の単独行動なのか分かっていない。ルッペは学習困難者で、ナチスの工作員にさせられていた可能性が高い。彼は翌年処刑されている（戦後の2007年、ルッペは不当裁判の犠牲者であるとして、ドイツ政府は彼を無罪にした）。

そして、共産党の一斉検挙があった28日、またしてもヒトラー政権は「ドイツ国民を防衛するための大統領緊急令」を発している。その内容は「国家を危機に陥れる共産党の暴力から守るために」憲法で規定されている人身の自由、住居不可侵、信書の秘密、言論の自由、集会の自由、結社の自由、所有権の保障を制限するものであった。

まさに基本的人権を国民から剥奪するとんでもない大統領緊急令が発せられたのだ。独裁国家の始まり、第三帝国の誕生であった。

ヒトラー9 共和制の廃止

全権委任法が成立 合法的にヒトラーが独裁者に

1933年の選挙結果

党名	議席
国民社会主義ドイツ労働者党（NSDAP）	288議席
ドイツ社会民主党（SPD）	120議席
ドイツ共産党（KPD）	81議席
中央党（Zentrum）	73議席
黒-白-赤戦線（鉄兜団/国家人民党/全国農村同盟（ドイツ語版））	52議席
バイエルン人民党（BVP）	19議席
ドイツ人民党（DVP）	2議席
キリスト教社会国民奉仕（CSVD）	4議席
ドイツ国家党（DStP）	5議席
ドイツ農民党（ドイツ語版）（DBP）	2議席
全国農村同盟（ドイツ語版）（RLB）	1議席
全議席数	647議席

SSやSAを使って脅迫

3月4日、ヒトラーが画策した国会選挙が実施された。

これと前後して、ヒトラーはSSやSAを使って共産主義者やナチスに批判的な者を逮捕し、私設「監獄」に拘束した。そして政府転覆を白状させるため拷問にかけた。

ベルリンだけでも50もあった私設「監獄」では、昼夜を問わず、逮捕されたものたちの絶望的な悲鳴が響き渡った。

3月3日には共産党委員長のテルーマンが逮捕され、その後も続々と共産党員の大量逮捕が続いた。さらに社民党をはじめナチスに反対する勢力も逮捕され、2万5000人以上が拘束されている。

それらの人数を収容するためには私設「監獄」では足りず、3月22日には、悪名高き強制収容所の第一号がミュンヘン郊外のダッハウに作られている。

国会選挙の結果は、ナチスの圧勝とはいかなかった。得票率44％で、288議席を獲得したが、単独で過半数を獲れていない。やっと与党の国家国民党（黒－白－赤戦線）が獲った52議席と合わせて、過半数は維持したものの、あれだけ弾圧された社民党も120議席、共産党も81議席を獲得している。

ヒトラーの狙いは国会選挙で強力な中央政権、独裁制を作ることであった。そのためには全権を掌握して共和制を廃止しなくてはいけない。

すべての立法権を手に入れた

3月23日、ヒトラーはいわゆる「授権法」（全権委任法）を国会に提出した。正式名称「国民と国家の危機を除くための法」で、内容は予算を含む法律の立法権を政府に与え、その法律は憲法と抵触してもかまわないとし、大統領に代わって首相が法律の承認権を持ち、さらに条

全権委任法の内容

前文：ライヒ議会（ドイツの国会のこと、衆議院を指す。ライヒはドイツを意味する）は以下の法律を議決し憲法を変更する立法の必要の満たされたのを確認した後、ライヒ参議院の同意を得てここにこれを公布する。

1.ライヒの法律は、ライヒ憲法（ワイマール憲法をさす）に定める手続以外に、ライヒ政府（ヒトラーの政府のこと）によっても制定することができる。本条は、憲法85条第2項および第87条に対しても適用される。

2.ライヒ政府によって制定された法律は、ライヒ議会およびライヒ参議院の制度そのものにかかわるものでない限り、ライヒ憲法に違反することができる。ただし、ライヒ大統領の権限に変更を加えることはできない。

3.ライヒ政府によって定められた法律は、ライヒ首相（ヒトラーのこと）によって作成され、ライヒ官報を通じて公布される。特別な規定がない限り、公布の翌日からその効力を有する。ライヒ憲法68条から第77条は、ライヒ政府によって制定された法律の適用を受けない。

4.ライヒと外国との条約も、本法の有効期間においては、立法に関わる諸機関の合意を必要としない。政府はこうした条約の履行に必要な法律を発布する。

5.本法は公布の日を以て発効する。本法は1937年4月1日と現政府が他の政府に交代した場合、いずれか早い方の日に失効する。

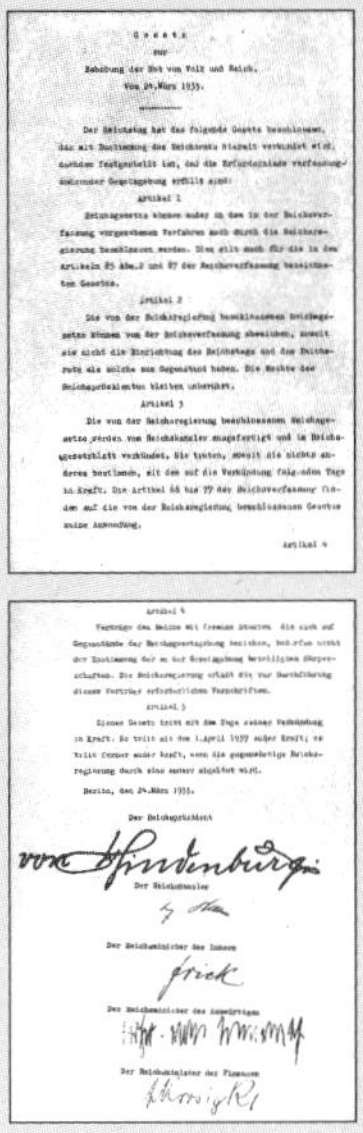

署名された全権委任法

写真の上が前半、下が後半。署名は上から大統領ヒンデンブルク、首相ヒトラー、内務大臣フリック、外務大臣ノイラート、財務大臣クロージク

約を国会の承認なしにできるというものだ。

　簡単に言えば、憲法を無視した法律や条約、そして予算をヒトラーが勝手に作って公布できるという、まさしくスーパー権力を彼に与えるものであった。もちろん、このような権力を得るには、全議席の3分の2が必要である。憲法に抵触するから当然だ。

　ただし、ドイツ国民やヨーロッパの人々にとって不幸なことだったが、ヒトラーにとって幸いだったことは、社民党と共産党の得票議席の合計が２０１議席と、3分の1議席に満たなかったことだ。総議席は６４９議席、3分の2は４３３議席、3分の1は２１７議席。

　ナチスと国家国民党が獲得した議席は３４０議席、まだ１００議席近く足りない。ヒトラーは共産党の議席を剥奪し強制的に国会から排除すると同時に、中間政党に圧力をかけた。中間諸政党の議席数はカトリック中央党が73議席、バイエルン人民党が19議席、その他の市民政党が14議席であった。結局、彼らはヒトラーの暴力装置（ＳＳやＳＡ）をバックにした説得に屈してしまった。

　3月23日、燃えてしまった国会議事堂の代わりに国会が開かれた歌劇場で、授権法の採決が行われた。その劇場にはヒトラーのＳＳとＳＡが国会議員を取り囲むように配置されていた。採決結果は賛成441票、反対94票であった。共産党員と一部社民党員の議員は排除されたが、それでも残った社民党員は反対票を投じた。ＳＳやＳＡたちによる脅迫と怒号の中、彼らは意志を貫いたが、ヒトラーは全権を掌握した。

ヒトラー10
男色だったヒトラー？

SAの指導者だったレームを殺し国軍が実権を

殺されたレーム

「長いナイフの夜」で殺されたレームを告発する文書（写真：アフロ）

ヒトラーの古くからの友人だったレーム

ヒトラーは男色家であったという噂がある。しかし、最期に一緒に自殺したのはエヴァ・ブラウンという女性だったので、その可能性は薄いだろう。もしかするとバイセクシャルだったのかもしれない。

なぜヒトラーは男色家という噂が流れたのだろうか？　その最たる原因がSA（突撃隊）指導者であったエルンスト・レームの存在にある。エルンスト・レームは自ら男色家であることを公言しているし、ヒトラーとも古くからの同士であった。レームの周りに集まったSAの若手は、彼のパートナーであったと言われているし、夜な夜な彼らと宴会を開いていたようだ。

実際、SAはレームの私兵隊と化していた。これについてはナチス内部からも批判が多く出ていた。SAメンバーは、庶民階級出身のナチス内左翼と言っていい連中で元共産党員も多くいた。

しかし、SAはSS（親衛隊）よりも早くできたヒトラーの暴力装置だ。一時期20万人を超える兵隊がおり、彼らがヒトラーの独裁帝国を支えていた。

1934年6月30日に「長いナイフの夜」という事件が起きる。ヒトラーはこの日、政権の転覆を狙っているとの疑いでSA幹部を粛清した。その中にはエルンスト・レームもいた。他にも前首相（ヒトラーに首相の座を譲った）のシュライヒャーも含まれている。公式発表では77人、実際は1000人近くが粛清されたという。

この事件の「長いナイフの夜」は5世

居並ぶヒトラーとレーム（写真：アフロ）

紀に起きたウェールズ傭兵のブリテン人へのだまし討ち「長いナイフの裏切り」から命名された。

ＳＳと国軍がレームを殺した!?

事件はなぜ起こったのか？　背景にはＳＡとドイツ国軍との対立があり、ナチス内でのＳＡとＳＳとの主導権争いがあったからだ。一説にはＳＳの指導者であるゲーリングが国軍と手を組んで目の上のたん瘤であったＳＡのレームを葬り去ったと言われている。

「長いナイフの夜」事件によって、ヒトラーは国軍の支持を取り付けることに成功している。そしてゲーリングによるＳＳの動きがより活発になる。

レームの死は、ヒトラーの今後について、より大きな意味を持っていた。それは、レームが批判していたヒムラーがより力を持つようになったことだ。ヒムラーはゲルマン人純粋培養の必要性を主張し、生物学的人種差別を推進しようとしていた。これを機にユダヤ人迫害は、より一層進むようになる。

ヒトラー11

ヒトラーの政務の内容とは？

権力と領土拡張にしか興味のなかったヒトラー

国民に崇拝を求めるヒトラー

ヒトラーにとって目の上のたん瘤だったヒンデンブルクが1934年8月2日に死んだ。ヒトラーに全権が渡ったとはいえ、ヒンデンブルクは大統領である。形ばかりだったが、ヒトラーに影響を及ぼす権限は保持していた。

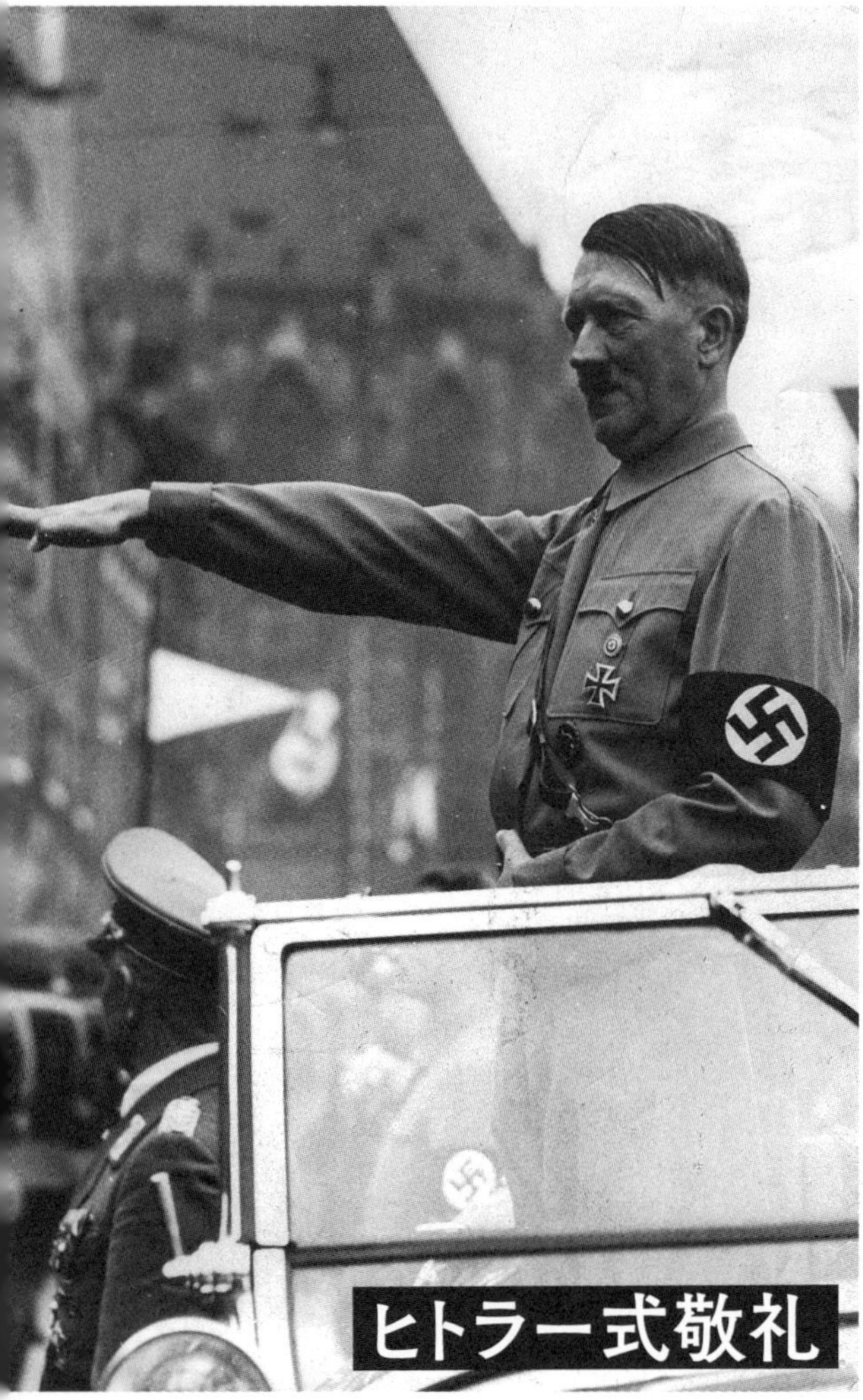

国民に向かってローマ式挨拶をまねて敬礼をするヒトラー（写真：アフロ）

そのヒンデンブルクが死んだのだから、もうヒトラーに逆らう者は一人もいない。8月19日、ヒトラーは国民投票を実施し、89・9％の賛同をもって、ヒトラーの肩書は「総統兼首相」となった。大統領と首相を兼務するという最高の権力者となったわけだ。

ヒトラーの欲望はそこでとどまらない。国民に自らを指導者として崇めることを求めた。すべての国民はヒトラーに対して絶対的な服従と忠誠を誓う。指導者原理と呼ばれるものだ。地位を手に入れるだけでは満足しなかった。

1935年1月からは国民に「ハイル・ヒトラー」と呼ばせ、文書の末尾には必ず、この言葉を入れるよう法制化した。「ハイル・ヒトラー」の言葉を発し、右手を上げて挨拶する方法はローマ式敬礼を模したものだ。ムッソリーニが復活させたものをヒトラーが採用した。

ボヘミアン体質のヒトラー

ヒトラーは完全な独裁者になった。しかし、彼は政務のほとんどを部下に任せていた。また、力のある者たちを各所に

エヴァ・ブラウンとの日々

配置し競わせ、一人に権限が集中することを避けた。それによってヒトラーに対抗できるものを作らせなかった。

　合議制であった閣議を開くこともなく、身内のものを集めて少数で会議をすることがほとんどだった。稟議《りんぎ》はすべて文書で行ったが、報告書も読まず、口頭で指示を与えることが日常だった。

　彼は非常に怠惰だった。その生活は愛人だったエヴァ・ブラウンが撮影した16ミリフィルムに収められている。優雅にお茶を飲み、のんべんだらりと過ごすヒトラーが映っている。国民には「総統はドイツ国民のために休暇制度を設けたが、ご自身は休暇とは無縁である」と思わせていたが、ほとんどの内政については部下に任せっきりだった。

　ヒトラーは、幼少期から青年期にかけて、母親に激愛されたニートであったように、もともとは根っからのボヘミアン体質の人間だった。しかし、権力志向と領土的野心だけは別だった。全権を掌握したいま、彼に残っていたのは領土的野心のみだった。

写真：アフロ

ヒトラー12
ラインラント進駐

始まったヒトラーの領土拡張 非武装地帯へ進軍

圧倒的多数でドイツの帰属が決まった

1935年からヒトラーが自殺するまで、ここからの歴史はドイツ侵略の歴史

ザール地方

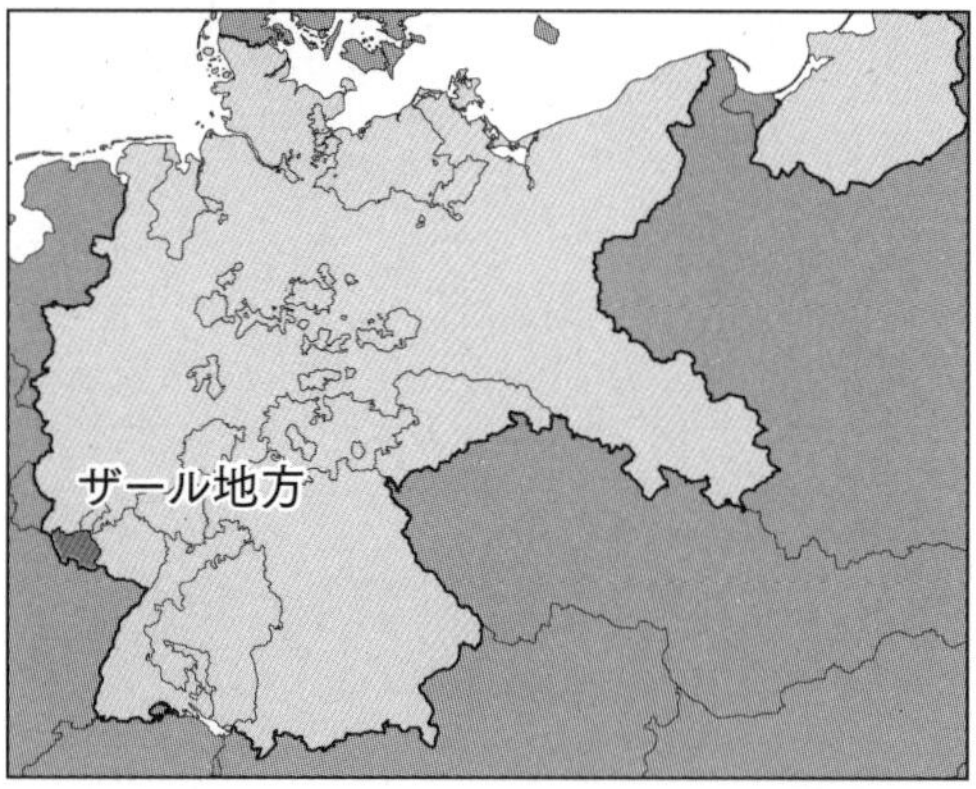

1935年、住民投票でドイツへの帰属が決まったザール地方　© 52ピックアップ、フェルドグラウ

となる。ヒトラーには第一次世界大戦の敗北によるヴェルサイユ条約で、ドイツの領土を奪われたという思いがあった。

さらに国内の経済対策もあった。1933年から34年にかけて公共事業と公共投資による雇用の創出で600万人にいた失業者が300万人まで減っていた。しかし、公共事業には金がかかるし資源も必要になる。それをどこかから手に入れなくてはならない。

この両方の思惑が合致したのが外への侵略である。手始めがザール地方のドイツ復帰だ。ザール地方は石炭が豊富に産出し、一大産業地であった。

1935年1月、ザール地方でドイツへの帰属を巡る住民投票が実施された。ここで圧倒的多数をもって住民はドイツの帰属に賛成したのだ。賛成は90%を超えた。これだけの圧倒的多数の声に、英仏も逆らうことができなかった。

さらに、ヒトラーは軍備の拡張をすすめた。ヴェルサイユ条約で止められた再軍備であるが、それを突破しようとした。これに対してもイギリスは目をつぶった。理由はソ連である。ボルシェヴィキの世界への波及を恐れたのだ。ドイツにはその防波堤になってほしかった。

3月、ヒトラーは再軍備を宣言し5月から徴兵制を実施した。フランスは猛抗議したが押し切った。ドイツにとって再軍備は新たな公共事業であり雇用の創出につながる。

ヒトラーの最大のかけ

そして、翌1936年3月、ヒトラーのドイツは、ヴェルサイユ条約で非武装地帯と定められていたラインラントへの進駐を始めたのだ。ラインラントはフランスとドイツの間にある緩衝地帯だ。これへの進駐は大きなかけだった。

前年（1935年）、フランスは仏ソ相互援助条約を結んでいた。これはドイ

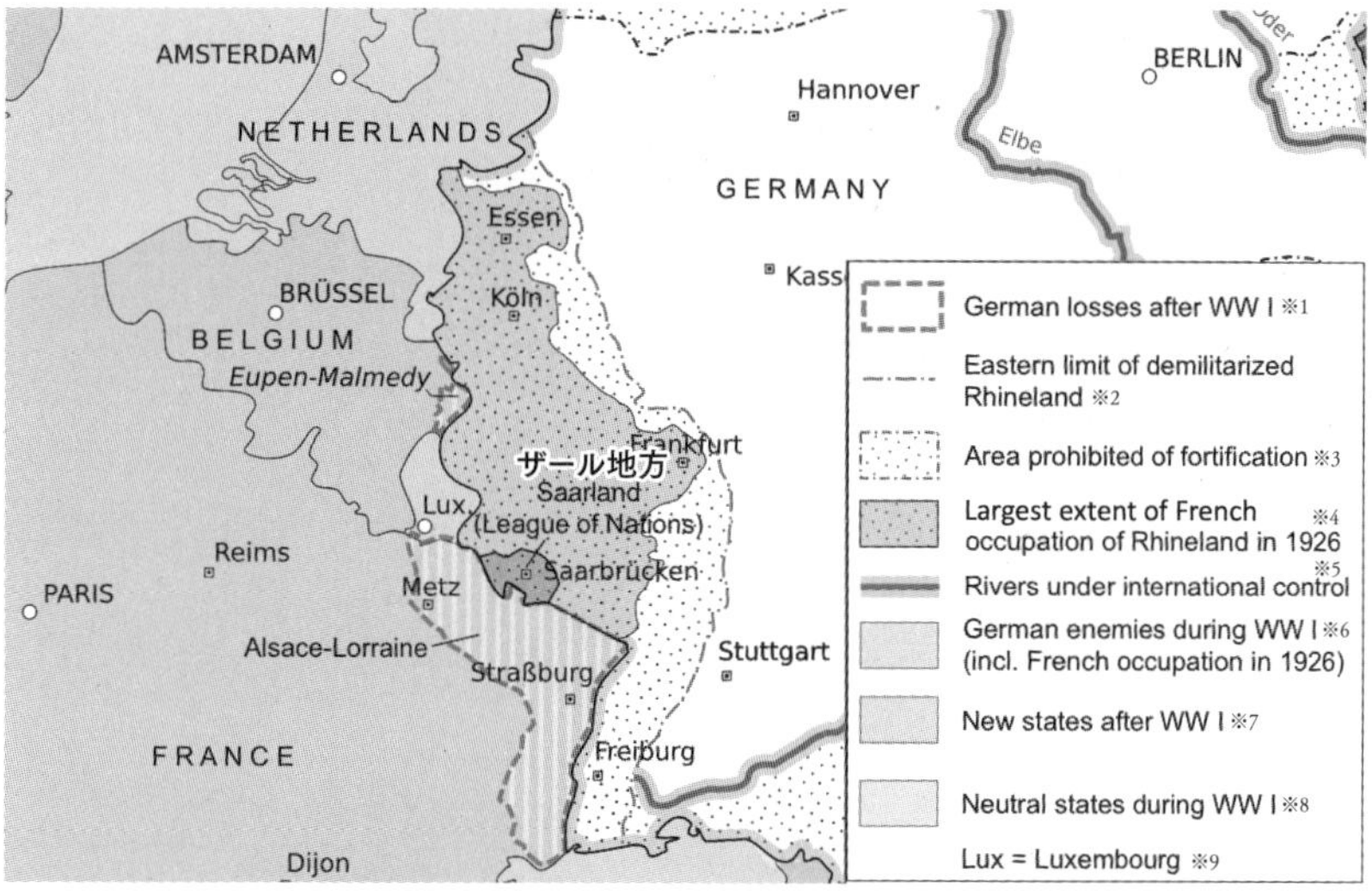

ラインラント

※1第一次世界大戦でドイツが失った場所、※2ラインラント非武装地帯の東境界線、※3非武装地帯のエリア、※41926年からのフランスの領地、※5国際管理の川、※6第一次世界大戦でドイツに敵対した地域（1926年よりフランスが支配）、※7第一次世界大戦後に新しくできた国、※8第一次世界大戦時にもともとあった国、※9ルクセンブルグ。©Soerfm

ラインラントへ進軍するドイツ軍（写真：アフロ）

ツの再軍備に対する備えである。ドイツを西と東から挟撃できる体制を整えたのだ。

これに恐怖を覚えたのがヒトラーのドイツだ。両側から挟まれてしまったらドイツは持たない。そこで、フランスとの緩衝地帯であるラインラントに軍を派遣したのである。

進駐自体は戦争ではない。そもそも非武装地帯だから戦闘は起こらない。問題は軍を派遣したドイツに対してフランス軍が攻撃してくるかどうかだ。フランス軍に攻撃されたら、再軍備を始めたばかりのドイツには勝ち目がない。そうなれば、ヒトラーへの国民の幻想も打ち砕かれ政権は崩壊するだろう。

ヒトラーは大きなかけに出た。ヒトラーの読みは、フランスの内政が混乱していること、イギリスや西ヨーロッパの国々はボルシェビキのソ連を極度に恐れていること、だからフランス軍は反撃してこないし、他国もそれに支援しないというものだった。ヒトラーはのちにこう語っている。

「生涯においてラインラント後の48時間ほど神経がずたずたになったことはない」

結局、ヒトラーはかけに勝った。フランスは反撃してくることはなかった。そして、ドイツは独裁軍事国家への道をひた走ることになる。

ヒトラーの野望のために国軍幹部と外相を更迭

熱狂と興奮のオリンピック

1936年以降、ヒトラーは着実に領土を拡大していった。当初は、軍備と体制が整っておらず、大きな戦争はしたくなかったはずだ。1936年から1939年まで、ヒトラーは戦争をせずに領土を拡大し、国際的地位の確立と戦争体制の確立にいそしんでいた。

1936年8月、ヒトラーのドイツはベルリンオリンピックを開催している。国威発揚のために大々的に行われ、熱狂と興奮の大会だったことは誰もが知っている。そして、ドイツがラインラント進駐をしたにもかかわらず、どこの国もオリンピックをボイコットしていない。

1937年11月、ヒトラーは国軍幹部と外相ノイラートを集めた会議で、今後の侵略計画を話している。

ドイツの領土　1938−1940年

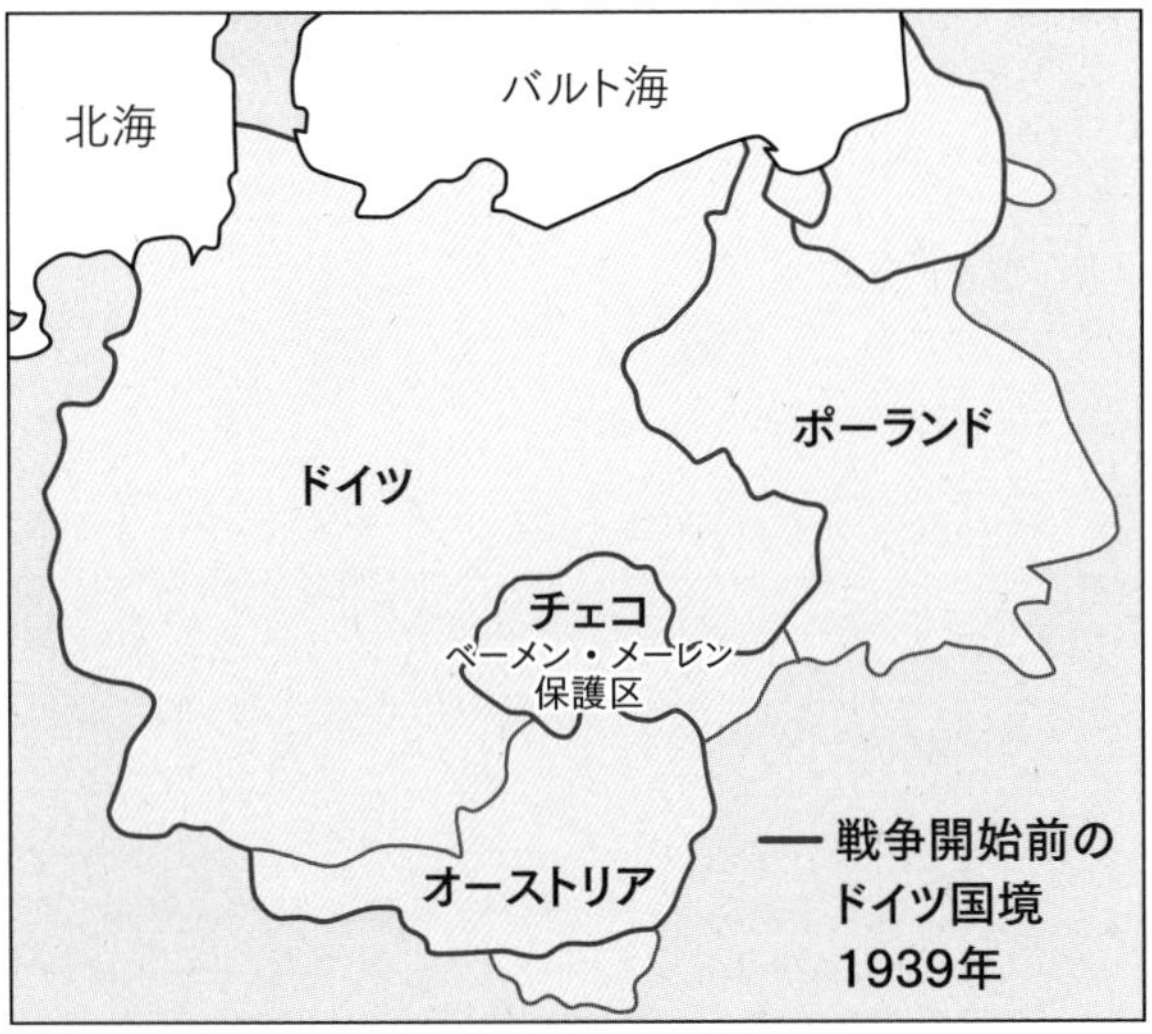

それはチェコスロバキア、ポーランドへの侵略も含まれていた。これに対して国防相のブロンベルクとフリッチュ陸軍総司令官、外相のノイラートは猛反対した。オーストリアはまだしも、チェコスロバキアとポーランドは歴史的に言ってもドイツ民族の国ではない。侵略の大義がない。しかし、結局この3人は翌年1〜2月にかけて辞任に追い込まれている。

このとき、彼らを辞任に追い込む工作をしたのがナチスのゲーリング、ヒムラー、そしてハイドリヒだ。ナチスと距離を置いていた国軍幹部は排除され、国軍をナチスが乗っ取った形になった。これによって、ヒトラーのナチスは国軍を思うがまま動かせるようになったのだ。

オーストリア併合

1938年3月、ドイツはオーストリアを併合した。オーストリアの政権にオーストリアのナチ党を認めるよう圧力をかけていたドイツだが、それに対してオーストリアの政権は独立をかけた国民投票で対抗しようとした。

そのとき、ヒトラーは即席の侵略計画

ベルリンオリンピック

男子100m決勝のシーン（写真：アフロ）

「オットー」を発令し政権を転覆、オーストリアのナチ党による政権を誕生させ権力を掌握した。普段は怠惰なヒトラーだが、こういうときは誰よりも動きが早い。そして、オーストリアを併合したのだ。ヒトラーのドイツにとってオーストリアの資源である鉄・金属・木材は喉から手が出るほどほしかった。

さらに、9月にはイギリス・フランス・ドイツ・イタリアの首脳たちによるミュンヘン会談が行われドイツへのズデーテン地方の併合が認められた。ズデーテンはチェコスロバキアだがドイツ系住民が多く住んでいるところだ。

ヒトラーの狙いはチェコスロバキアとポーランドを手に入れることであることは説明した。1939年3月、ヒトラーはチェコスロバキア内のスロバキア民族に工作し、チェコスロバキアから独立させ、ドイツの保護領とした。

さらに、ドイツ軍をプラハに進軍させ、チェコのハーハ大統領を脅迫して主権を奪ってしまう。そして、チェコをベーメン・メーレン保護領としてドイツに併合したのだ。

ヒトラー14

ユダヤ人迫害1

侵略戦争と共に広がるユダヤ人迫害

ナチスが展開した不買運動

ユダヤ人への迫害は対外侵略が始まると、より一層ひどくなった。１９３５年にドイツ国内が安定に向かうとドイツから外国に逃れていたユダヤ人がドイツに戻ってくるようになった。

ボイコットされた店の前に建つナチス（写真：アフロ）

これに対してナチスのゲッペルスは、自らの機関紙『攻撃』で「新たな反ユダヤ主義の波」を宣言、それに煽られたナチスの党員が各地でユダヤ人の商店をボイコットするようになった。

さらに、7月にはシュトライヒャーが主宰する反ユダヤ主義の宣伝紙『シュテュルマー』が各地で置かれるようになる。ナチスの党員が始めたボイコット行動は官制労働組合やナチ商工団、ナチ婦人団、ヒトラー・ユーゲント、ドイツ少女団などを動員する全国規模の運動にまで発展した。

そして、9月ヒトラーは「ドイツ国公民法」と「ドイツ人の血と名誉を守る法」を制定した。これらは「ニュルンベルグ（人種）法」と呼ばれ、ドイツ人の血を持つ国籍所有者がドイツ国公民であり、ユダヤ人とドイツ人の婚姻や婚姻外性交渉を禁ずるものだった。

あきらかにユダヤ人を法的にも迫害するものだ。それでも、１９３６年まではベルリンオリンピックを控えていたために、国際的な目が光っていて表面だってユダヤ人を迫害することはできなかった。せいぜいユダヤ人の国外退去を推進することくらいだった。

しかし、オリンピックが終わり、ドイツによる対外侵略が始まると、反ユダヤ主義が前面に出てくるようになった。まずは１９３８年のオーストリアの併合である。これによってオーストリアにいるユダヤ人20万人をドイツはかかえることになった。

そこに登場したのがユダヤ人問題課長のアイヒマンである。それまでのドイツはシオニズムの影響を受けたユダヤ人にパレスチナの地に移住することを推奨していた。そして、パレスチナに移住したユダヤ人の財産を没収する代わりに、それを担保にしてパレスチナの地でドイツ商品を買うように仕向けていたのだ。ドイツ製品を売る苦肉の策である。

破壊、虐殺が起こった「水晶の夜」

しかし、これでは、お金持ちのユダヤ人だけがドイツから逃げていってしまう。そこでアイヒマンはオーストリアであることをいいことに、その制度をやめて、ユダヤ人の全財産を貧困層に譲渡するということで没収し、国外追放していったのだ。その数は1938年8月から12月の4カ月間で約7万人にも及んだ。

クリスタル・ナハト（水晶の夜）

破壊されたシナゴーグ内部（写真：アフロ）

そして、1938年11月、「水晶の夜」事件が勃発する。

オーストリアに見習ってドイツ国内でもユダヤ人の国外追放が行われていた。10月28日、ユダヤ系でポーランド国籍を有する1万5000人がドイツからポーランド国境まで強制移動されてきた。

しかし、ポーランドもユダヤ人の受け入れを拒否しており、これら1万5000人は国境に留め置かれることになる。そしてどこへも行けなくなった多くのユダヤ人が国境地帯で放浪し、生活に困窮し餓死することになった。

その中には、センデル一家もいた。センデルはパリにいる息子ヘンシェルにこの惨状を伝えたのだ。そしてヘンシェルはドイツ政府の非人道的なやり方に激怒し、ドイツ大使館員であるラートを銃撃した。

当時、この事件はそれほど大きく報道されなかったが、運悪く、銃撃されたラートの死がヒトラーに届いたのが、ちょうどミュンヘンクーデター15周年の追悼行事の最中だった。ヒトラーの挨拶が終わった後、ゲッペルズが演壇に立ち、「ラートがユダヤ人に殺された」と激しい挑発演説を始めた。

そして、反ユダヤのデモを組織化し、行事に参加していた各地の指導者に対し、何らかの措置を取るよう求めたのだ。

「水晶の夜」が起こった。

各地でユダヤ人の商店は襲われ、シナゴーグ（ユダヤ教の会堂）は破壊され、ユダヤ人の住まいは放火され、略奪された。この時に亡くなったユダヤ人は公式発表で91人。実際はその数十倍はいたと言われている。

さらに11月12日、水晶の夜事件をめぐる政府の会議が開かれ、ラートの死に対してユダヤ人全体で10億マルクの賠償をすること、ユダヤ企業の接収、ユダヤ人によるすべての劇場、映画館、浴場、曲馬場、森林公園の立ち入りが禁止され、客車内のユダヤ人席の設置等人種差別措置が承認された。

そして、一層のユダヤ人の国外追放が求められたのだ。

ヒトラー15

ユダヤ人迫害2

ゲットーにユダヤ人を閉じ込めたヒトラー・ナチス

ゲットーのユダヤ人

ユダヤ人を隔離するためにゲットーの壁を作っている（写真：アフロ）

反ユダヤを鮮明にしたヒトラー

1939年1月以降、ヒトラーは演説で諸外国に対する敵意と反ユダヤ主義を鮮明に打ち出すようになる。そして、その政策は一気に進んだ。

反ユダヤ主義はそれにとどまらず、優生思想にまで広がっている。8月には「障害者と障害新生児」を保健局に届けることを義務化し、身体障害児の安楽死計画をスタートさせた。

そして、8月23日にヒトラーは独ソ不可侵条約を結び、ソ連の脅威を取り除いたのち、9月1日、スロバキアと共同でポーランドに侵攻した。一方、イギリスは3日、フランスは4日にドイツに宣戦布告し、第二次世界大戦が勃発したのだ。ドイツは10月1日にはポーランド全土を制圧した。

ちなみに、11月にはヒトラー暗殺未遂事件が勃発しているが、ヒトラー自身は事なきをえた。そして、この冬は天候が不順でドイツも英仏も共に戦闘意思はなく、半年間は「奇妙な戦争」と呼ばれる休戦状態だった。

ドイツは、1940年に入って4月にノルウェーとデンマークに侵攻。デンマークは降伏し、保護国となる。5月にはノルウェー全土を占領。その10日にはフランス、オランダ、ベルギー、ルクセンブルグに侵攻を開始した。

そして、それらの国々は次々と降伏し、6月には、ついにフランスが休戦を申し入れた。事実上の降伏だった。フランスは北部がドイツの占領下におかれ、南部はドイツの傀儡政権たるヴィシー政権がおかれた。

ドイツの激烈な侵略にあわせて、ユダヤ人への迫害も極めて残忍なものになっていった。1939年に保護国化したポーランドにはドイツ国内の数倍ものユダヤ人がいた。彼らを強制国外退去にするにも、もう場所がない。

ほとんどの場所はドイツの占領地か敵対国英仏の植民地しかないからだ。結局、占領した東部地域（ポーランドなど）で、彼らを「処分」するしかなくなった。

閉じ込められ、悲惨な

ポーランド・ワルシャワゲットー（写真：アフロ）

ユダヤ人たち（写真：アフロ）

ゲットーの戸口で物乞いをする子ども（写真：アフロ）

ユダヤ人を査察する警官（写真：アフロ）

都市に作られた極限状態のゲットー

まずは、都市の中にゲットーという限られた地域をつくって、そこにユダヤ人を閉じ込めた。しかし、衛生状態も栄養状態も不十分な極限状態におかれたユダヤ人には、伝染病が蔓延し餓死者も続出した。横4km、縦2kmの空間に47万人が閉じ込められたワルシャワ・ゲットーでは5万人が餓死している。

このゲットーをナチスドイツは、自ら作っておきながら、食料の闇取引、労働嫌厭《りんえん》、治安悪化が起きているとし、より「根本的な解決」を求めるようになった。

そして、ユダヤ人のより遠くへの強制移送をはじめる。その一つにポーランドのウーチがあった。このウーチから55km離れた場所にヘウムノ絶滅収容所が作られ、初めての毒ガスによる虐殺が行われている。残虐非道さがより過激になってきた。1941年、ドイツはユーゴスラビア、クロアチアを制圧した。そして6月バルバロッサ作戦を発動し、ソ連に侵攻したのだ。

アンフェタミン中毒になり敗戦を見ずに自殺したヒトラー

ユダヤ人問題の最終解決

１９４２年1月、ヒトラーのドイツは「ヴァンゼー会議」を開き、「ユダヤ人問題の最終解決」を決めた。

写真：アフロ

その解決とは、１、働くことができるユダヤ人は強制労働に就かせる。２、働くことのできないユダヤ人は処分、ということだ。結局、人種差別の極限はここに行きつく。奴隷にするということだ。

奴隷にして、ただで働かせ、使い物にならなければ「処分」する。その処分先がホロコーストの現場となったアウシュビッツ強制絶滅収容所である。労働不能とされたユダヤ人は強制絶滅収容所で、自らの埋める場所の土を掘り起こさせられガス室へと連行された。

ガス室へ送られたユダヤ人は、あまりの苦しみにガス室の壁に爪を掻き立てて死んでいった。いまでもその痕跡は収容所のガス室に残っている。

そのような収容所のガス室に送られたのは、ユダヤ人だけではない。障害者もいた。ドイツ民族の発展にならないものは「処分」ということだ。１９３９年以降、ガス室で殺された精神障害者は7万人にも及んだ。

もちろんユダヤ人はその比ではない。ユダヤ人がアウシュビッツで虐殺されたのは１１０万人と言われている。それ以外も合わせると１７５万人のユダヤ人がガス室で殺されている。

一方、奴隷を得たナチスの幹部経営者は、奴隷たるユダヤ人をこき使って働かせ、膨大な利益を得ていた。そして、その一部が、ドイツの産業を支えていた。

ほぼ自滅したヒトラーのナチス

しかし、そんな状態が長く続くわけがない。近代以降の人々は、18世紀にフランス革命とアメリカ独立宣言によって、人権の尊さを確認している。

ドイツの、イギリスの制空権を狙ったバトル・オブ・ブリテンは１９４１年5月に当初の目的を果たせず失敗に終わっている。その翌月ドイツはソ連に進撃した。さらに、12月にはアメリカとの交戦

アウシュビッツ収容所の門
（写真：アフロ）

アウシュビッツ収容所に閉じ込められた人々
（写真：アフロ）

アウシュビッツ強制収容所

ヒトラーの最後の写真
（写真：アフロ）

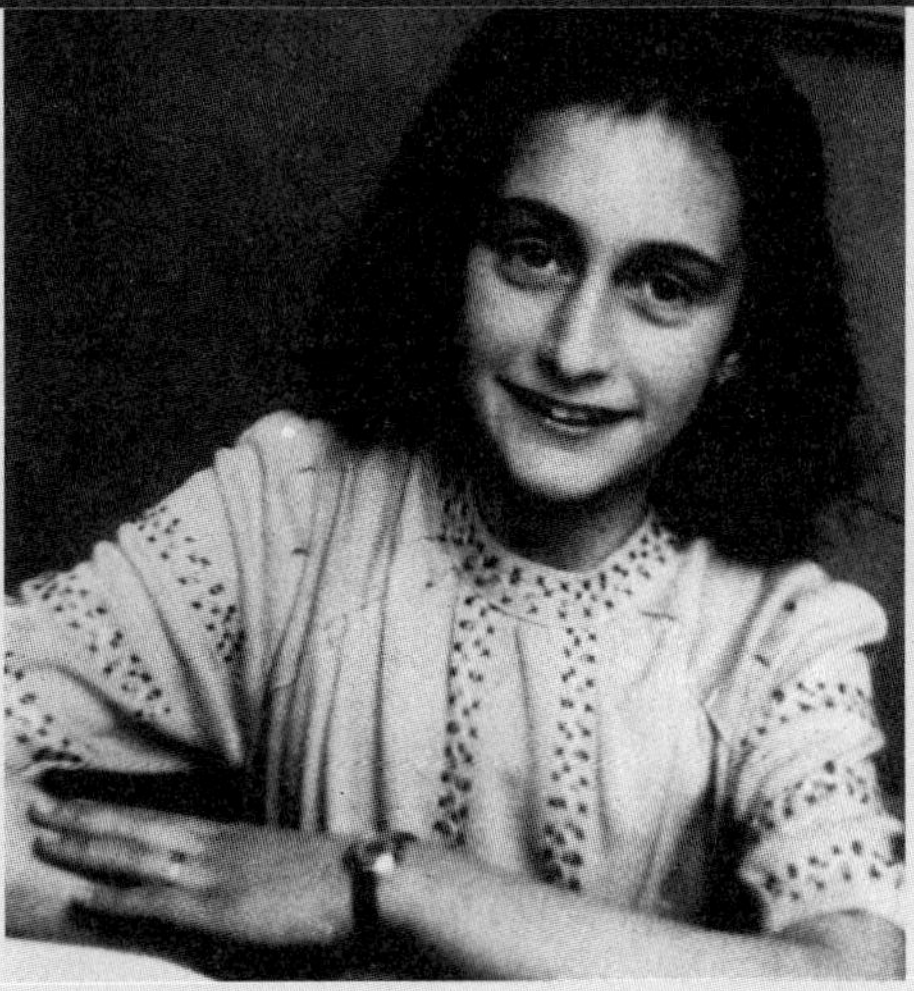

アンネ・フランクはアウシュビッツでなくなった（写真：アフロ）

状態に突入している。

　イギリスには勝てず、米ソとの戦争になってしまった1941年後半の時点でナチスのドイツは敗北必須と見ていいだろう。圧倒的な経済力の差がある。ほぼ自滅と言っていい。

　1943年、ソ連のスターリンラードでドイツの第6軍はソ連に降伏。1944年6月、連合国軍がフランス北部ノルマンディーに上陸。翌7月、ヒトラー暗殺未遂事件が起きる。

　ヒトラーは軽傷を負ったのみだったが、重篤《じゅうとく》なうつ状態に陥った。侍医のモレル博士が処方したのはアンフェタミンである。ヒトラーはアンフェタミン中毒になってしまった。

　8月、連合国軍によるパリ解放。9月、西部戦線を連合国軍が突破、ドイツ国内に侵攻。翌1945年4月16日ベルリンの戦いが始まった。

　4月29日、ヒトラーは地下壕で、「エヴァ・ブラウンと結婚する。そして明日自殺する」と側近たちに告げている。そして、翌30日15時30分ごろヒトラーは自殺した。

ヒトラー、
スターリン、
毛沢東
3大狂人伝説
宝島社

第2章 スターリンの狂人伝説

スターリン1

独裁者の誕生

真面目で辛抱強い性格が鋼鉄の人、スターリンを生んだ!?

独裁者になる11のルール

独裁者はどうして独裁者になるのか？これは、この本の一つのテーマでもある。ナショナル・ジオグラフィックのドキュメンタリーに「独裁者のルール」というシリーズがあった。そこでは独裁者のルールとして11の項目があげられているので、それに沿って考えてみたい。

1、暴力の使用。2、アメとムチ。3、敵を作る。4、秘密警察を活用する。5、個人崇拝。6、教化。7、プロパガンダの重視。8、エリートを取り締まる。9、不安を作り出す。10、恐怖の創出。11、合意を得る。

第一章で触れたヒトラーをこの項目に当てはめると、「4、秘密警察を活用する」と「8、エリートを取り締まる」以外は当てはまりそうだ。ヒトラーの場合、自らの私兵たるＳＡ（突撃隊）とＳＳ（親衛隊）が公然と活動していたから、秘密とは言えないが、私兵警察は活用していた。

また、エリートをエリートとして取り締まってはいない。しかし、金融資本や各種事業を支配していたユダヤ人たちを攻撃しているので、その意味ではユダヤ人をエリートとして取り締まっていたとも言えるかもしれない。

ヒトラーはとにかく、この11のルールに、ドンピシャに当てはまるのが、スターリンと毛沢東だ。特にスターリンはそうである。

母、エカテリーナ・ゲラージェ

写真：アフロ

農奴の家系の出身

スターリンは１８７８年12月18日（ユリウス暦では12月6日）に生まれた。グルジア語名はイオセブ・ベサリオニス・ゼ・ジュガシヴィリ、ロシア語名ならヨシフ・ヴィサリオノヴィチ・ジュガシヴィリという。スターリンは鋼鉄の人を意味する通称である。

誕生した地は、ロシア帝国下のグルジ

独裁者の11のルール

1、暴力の使用
2、アメとムチ
3、敵を作る
4、秘密警察を活用する
5、個人崇拝
6、教化
7、プロパガンダの重視
8、エリートを取り締まる
9、不安を作り出す
10、恐怖の創出
11、合意を得る

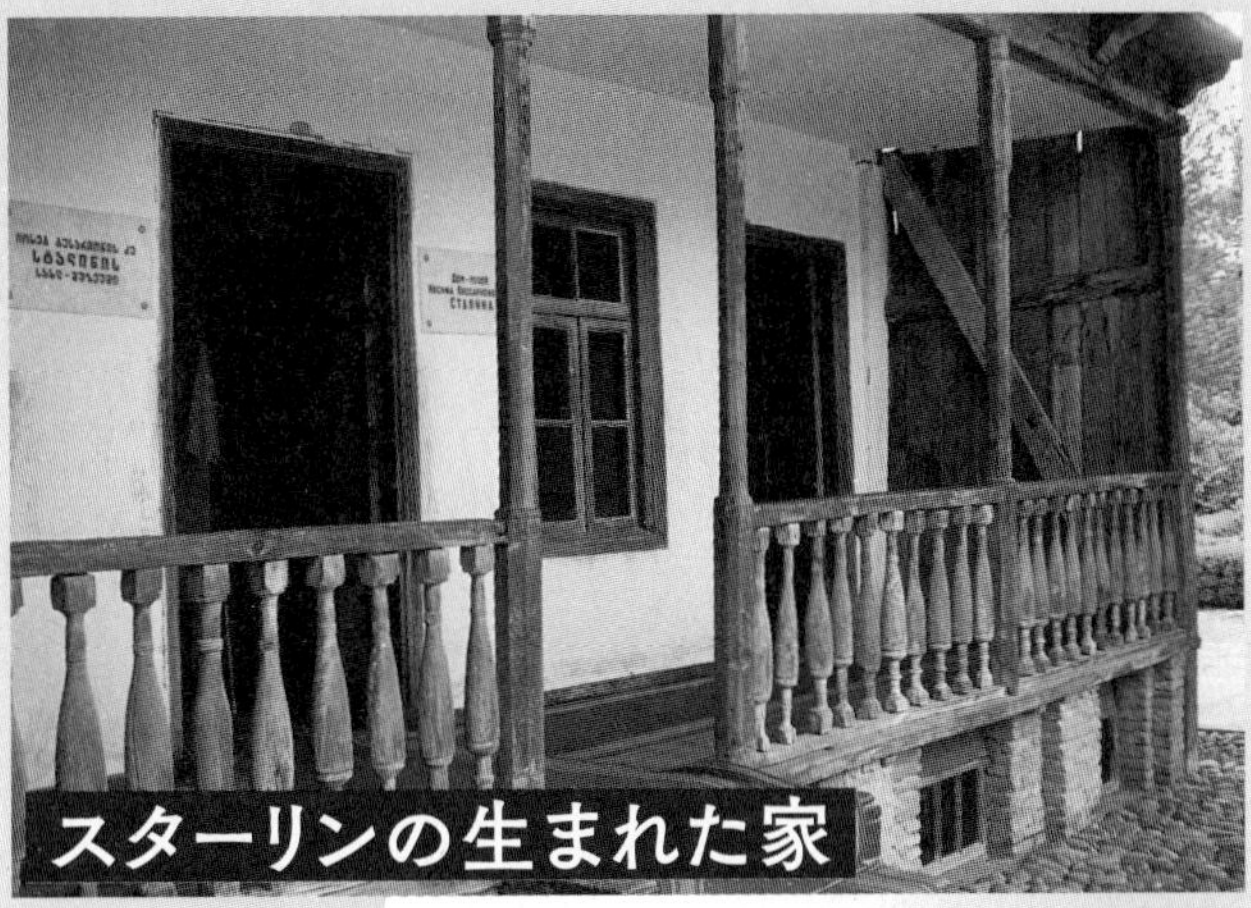

スターリンの生まれた家

写真：アフロ

ゴリの大聖堂

スターリンの誕生地にある大聖堂

グルジアのゴリ

スターリンの生誕地

ア。父のヴィッサリオン・ジュガシヴィリはゴリに工房を構える靴職人であり、母のエカテリーナ・ゲラージェはレンガ職人の娘であった。

　母は農奴の家系の出身であった。ヒトラーとスターリンで、この幼少期で共通点を探せば、両方とも父親と若くして別れていることだ。

　ヒトラーは父親を亡くし、スターリンはDVだった父親から母親と共に離れて暮らすことになった。そのため、二人とも生活は楽ではなかった。しかし、だからといって餓死するほどの生活ではなかったから、少々貧乏だったと言えるぐらいだろう。

　ただし、二人には決定的な違いがある。ヒトラーは母親に甘えて若い頃から夢見がちなボヘミアンな性格であったが、スターリンは母親の苦労を見て育ったせいか、真面目で辛抱強い性格になっている。

　もしかすると、これが独裁者として不幸な最期を迎えたヒトラーと、死後、その凶悪ぶりを暴かれたスターリンの違いかもしれない。スターリンは死ぬまで〝真面目に〟権力闘争を闘いつづけた。

Тифлисъ
Tiflis

鋼鉄の意思を育んだ病気と2度の怪我、さらに父親

カフカーフ地方のバクー

暴力の蔓延《はびこ》る場所で生まれた

独裁者のルールの「1、暴力の使用」であるが、次の章で見る毛沢東も前章のヒトラーも若いときは無縁であった。若いときから暴力に触れていたのはスターリンだ。

スターリンが生まれ育った場所が、暴力が蔓延る治安の悪い地域であったためかもしれない。だから、暴力について、かなり免疫があったのだろう。スターリンはゴリの教会付属学校に入学した直後から他の子供たちと頻繁に喧嘩した。一方、学業の面では極めて優秀な成績を残している。

スターリンを鋼鉄の人にしたのは、この幼少期にあるかもしれない。彼はたびたび病気や怪我に苦しめられている。天然痘に罹患し、その跡は顔面に残っているし、12歳の時までに2度にわたって馬車にはねられて大けがを負っている。それによって左腕の機能に障害を抱えることになった。

さらに、スターリンの父は息子を靴職人を継がせることを望んでおり、学業には反対していた。教会の付属学校から息子を無理やり連れ去って働く道を選ばせようとしたり、養育費を打ち切ったりするなどの抵抗を続けていた。

しかし、スターリンは度重なる父親の反対や障害を乗り越えた。この幼少期での病気や父との格闘は、スターリンに鋼鉄の意思を植え付けたかもしれない。

この神学校からスターリンは退校処分になる（写真：アフロ）

いたるところで発揮された意思の強さ

その後のスターリンの意志の強さはいたるところで感じることになる。

スターリンは教会付属学校を卒業すると、首都トビリシの神学校に入学した。成績は非常に優秀だった。しかし、学内で秘密裏に活動していた読書クラブに加わり、マルクスの著作である『資本論』に影響され、熱心なマルクス主義者となった。

結局、スターリンは1899年、禁止されていたヴィクトル・ユゴーの著書の所持と、朝の祈禱の欠席や規律違反、反抗的態度などで神学校を退学処分になった。

その後、彼は同年代の多くの学生と同じように「人民のもとに（ナロードニキ）」行くことを決め、社会主義の小グループに加わる。そして、カフカースの大都市、バクーなどの労働者に働きかける活動家になったのである。

スターリン3

ボリシェヴィキとレーニンとの出会い

カリスマ性のない独裁者

スターリンが崇拝したとされるゴーリキーとレーニン（写真：アフロ）

地下活動

当初、スターリンはトビリシ気象台の気象局員として働き始める。そして、社会主義理論の宣伝活動を行い、メーデーに大規模な労働者の秘密会合を組織したり、ストライキを呼びかけて実際に決行させたりした。

これに、ロシア帝国の秘密警察であるオフラーナは、スターリンの逮捕を試みるが、彼は逃走し、地下に潜って活動を行った。1901年11月、スターリンは1898年創立のマルクス主義政党ロシア社会民主労働党（ＲＳＤＬＰ）のトビリシ委員会委員に選出されている。その後、度々のストライキやデモの組織化によって、スターリンは1902年4月、ついに当局によって逮捕されてしまう。そして、東シベリアへの3年間の流刑を宣告される。

シベリアの地でスターリンは脱走を試みる。一度目は失敗するが、1904年1月、スターリンは二度目の脱走を試み、今度は成功した。

ここまで、読んできて気が付くことはないだろうか？　ヒトラーと比べて、スターリンは地道に活動家としての下積みを経験している。ヒトラーは天才的とも言える演説で、あっという間にドイツ労働党を乗っ取った。しかし、スターリンは地道に活動に励んでいる。

スターリンは演説がへたくそだったと言われる。それはレーニンや最終的には政敵になったトロツキーと比べても雲泥の差があったという。スターリンは独裁者のルールである「7、プロパガンダの重視」を自ら行うことには長《た》けてなかったかもしれない。しかし、プロパガンダは自ら行う必要はない。それに相応《ふさわ》しい人材にさせればいいのだ。

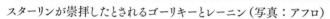

シベリアへの移住（写真：アフロ）

農民たち（写真：アフロ）

1900年頃のロシア

工場地帯（写真：アフロ）

労働者（写真：アフロ）

レーニンの直臣になったスターリン

話を戻そう。スターリンがシベリアに流刑になっているころ、ロシア社会民主労働党はレーニンの「ボリシェヴィキ」と、ユーリー・マルトフの「メンシェヴィキ」の二つの派閥に分裂し対立していた。スターリンはボリシェヴィキの側についている。

そして、スターリンは小規模な革命勢力の中でたちまち頭角を現し、小論文を執筆している。その小論文「党内の意見対立に関する小考」はメンシェヴィキを徹底的にたたく内容で、レーニンの目に留まった。ちなみに、この当時のスターリンはコーバ（グルジアの英雄の名前）という偽名を使っていた。

そして、１９０５年末、それまでの活動を評価されてカフカースのボルシェヴィキ代表に指名されて、フィンランドのタンペレで開かれた協議会に出席し、初めてレーニンと出会った。その後、スターリンはレーニンの直臣の一人になるのだ。

スターリン4

暴力に躊躇のない性格

暗殺と強盗に励むスターリンの日々

ロシア帝国の民衆への弾圧から始まった血の日曜日事件（写真：アフロ）

銀行強盗は党員活動の一環

1906年は、1905年の血の日曜日事件から始まる革命運動が鎮圧され、それにともなって運動が退潮期に入っていた。このころのスターリンはかなり荒っぽいことをしている。暗殺と強盗だ。暴力に躊躇がない。独裁者のルール「1、暴力の使用」を絵にかいたような人物だ。

スターリンとメンシェヴィキ党員はコサック将軍のフョードル・グリーアザノフの暗殺を計画し1906年3月に実行に移している。さらに、スターリンは金品強要、銀行強盗、資金強奪を強行し、ボリシェヴィキの資金を集め続けた。

1906年4月、スターリンはロシア社会民主労働党第4回大会に出席し、この大会で将来の国防人民委員となるクリメント・ヴォロシーロフ、チェーカーを設立するフェリックス・ジェルジンスキー、そしてグリゴリー・ジノヴィエフと出会っている

同時に、この時期にはボリシェヴィキ内で「銀行強盗禁止」の是非について論議が巻き起こった。スターリンは動揺したが、レーニンの「銀行強盗は党員活動の一環である」という発言で、彼の行動は肯定されている。

レーニンもスターリンも党活動であれば、暗殺も強盗も許されるという主義だ。ボリシェヴィキ内では批判もあったのだから、この二人は、ボリシェヴィキ内でも、より暴力的であったと考えていいと思う。幼児期の環境にあるのだろうか。

トロツキーとの出会いと反発

1906年7月スターリンはエカテリーナ・スワニーゼと結婚し、翌年3月にスワニーゼは長男のヤーコフを出産した。スターリンは1907年5月から6月にかけ、ロンドンで開かれた第5回ロシア社会民主労働党大会に出席した。ここで、スターリンはレフ・トロツキーと初めて会っている。

しかし、スターリンはすぐにトロツキーを嫌うようになり、トロツキーを「美男子だが役に立たない」と評している。スターリンとトロツキーは性格が会

わなかったのだろう。それが、二人のもともとの対立点かもしれない。

１９０７年11月22日、チフスに罹患していた妻のエカテリーナが病死し、スターリンは深い悲しみに沈んだ。しかし鋼鉄の人は、妻の死後、息子のヤーコフをトビリシに居る彼女の親族に預け、革命活動を再開している。

スターリンに運命を変えられた人々

国防大臣、クリメント・ヴォロシーロフ

政治局員、グリゴリー・ジノヴィエフ

チェーカーの創設者、フェリックス・ジェルジンスキー

政敵、トロツキー

１９０８年から13年にかけてのコーバの生活は、逮捕、有罪判決、追放刑、そして逃亡、の非合法活動に明け暮れていた。ヒトラーがミュンヘンクーデター以降は合法活動に専念していたのに比べると違いが明白だ。

ちなみに、ここで「プロパガンダ」を考えてみるとヒトラーとスターリンの違いがわかる。ヒトラーは権力を握るまでもかなりプロパガンダに力を入れている。そのため演説の学校を作ったり、宣伝媒体もポスターからポストカードやチラシなど、かなり工夫したりして作っている。

しかし、スターリンはその形跡がそれほど見られない。それは、闘争形態の違いなのだろう。ヒトラーは合法的に権力を手に入れようとし、スターリンは暴力で権力を手に入れようとした。

１９１２年、スターリンはボリシェヴィキ党の中央委員会の委員に選ばれている。そしてレーニンから民族問題を担当するよう要請された。スターリンは１９１３年に、名前をコーバからスターリンに変えて「マルクス主義と民族問題」と題された論考を発表した。

写真：アフロ

スターリン5

秘密警察に寛容

チェーカーの赤色テロも擁護

この当時のスターリンはプラウダの編集に携わっていた（写真：アフロ）

ロシア10月革命が勃発

完成した論文はレーニンに絶賛されている。しかし、内容は陳腐だった。「カフカースにおける民族問題は遅れている諸民族を優れた文化の全体的な流れの中に組みこまないかぎり、解決されない」と主張する、ほとんど独創性のない代物《しろもの》だった。しかし、レーニンに絶賛されたがゆえに、スターリンはボリシェヴィキ党の中で、民族政策の第一人者となった。

1913年2月、またしてもスターリンは逮捕され、東シベリアに流刑になった。ここはシベリアの中でも最も遠く、さしものスターリンも脱出することはできなかった。結局1917年2月に帝政が崩壊するまで、流刑されることになる。

帝政崩壊後の臨時政府が出した恩赦により、スターリンは3月にペトログラードに帰還。ボリシェヴィキの機関紙『プラウダ』編集局をレフ・カーメネフと共同で引き継いだ。そして、1917年4月に行われた党中央委員会選挙ではレーニン、ジノヴィエフに次ぐ3番目に高い得票数で中央委員に選ばれている。

そして、ロシア10月革命が勃発。スターリンは『プラウダ』編集局書記として広報宣伝の役目を果たした。そして、革命が成立すると、スターリンは民族問題人民委員に任命されている。

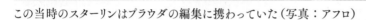

レーニンの最側近に

新政府においてスターリンは、レーニン、トロツキー、スヴェルドロフとともに非公式な「4人組」として首脳部を形成している。スターリンの執務室はレーニンの執務室の近くに設けられており、約束なしでレーニンの書斎を訪れること

労働者に蜂起を呼び掛けるレーニン（写真：アフロ）

が許されていたのはスターリンとトロツキーの2人だけだった。

当時のスターリンはレーニンやトロツキーのように一般的に有名ではなかったものの、ボリシェヴィキ内部では重要人物だった。スターリンはレーニンによる秘密警察機関「チェーカー」の設立を強力に支持し、チェーカーによって始められた赤色テロも擁護している。

カーメネフやブハーリンとは異なり、スターリンがチェーカーとそれによるテロの急激な成長拡大について懸念を示すことはなかった。

ここに見られるように、独裁者のルール「4、秘密警察を活用する」を何のためらいもなく実施できるのは、ヒトラー、毛沢東と比べても、スターリンの方が一枚も二枚も上手だった。

スターリン6

敵と思えば処刑も厭わない

未確定の反動分子を裁判なしに処刑

犠牲者を増やした責任はスターリンにもある（写真：アフロ）

軍事オンチのスターリン

ボリシェヴィキが権力を掌握した後、反対勢力とのロシア内戦が勃発。1918年5月、内戦のために減り続ける食糧の供給を確保するため、革命政府はスターリンを食糧徴発の責任者としてロシア南部のツァリーツィン（のちのスターリングラード）に派遣した。

スターリンはツァリーツィンに到着するとすぐに現地の軍の指揮権を自らに移行させ、大量の赤軍兵士を動員して反対勢力の白軍を攻撃した。しかし、これは、ボリシェヴィキ側に多大な犠牲を引き起こしてしまった。

スターリンは軍事に関しては、からっきしだった。これは後のナチス・ドイツの戦いである独ソ戦に最も端的に現れた。そこでは何百万人の戦死者をだしている。

しかも、スターリンは白軍との戦闘の一方で、チェーカーに指示し反革命分子の嫌疑がある者を逮捕し、時には裁判なしで処刑している。さらに軍事・食糧収集に従事する中産階級の「専門家」を政府からの命令に反して粛清し、さらに一部を処刑した。理由はともあれ、処刑に対するハードルが低すぎるのだ。

ボリシェヴィキも許容できないスターリンの暴挙

スターリンによる国家的暴力とテロの使用は、ほとんどのボリシェヴィキ首脳が許容できないものだった。農民に食糧の徴発に従わせるため、スターリンはいくつかの農村を燃やすように命令してもいるくらいだ。

内戦現場に入る トロツキーとレーニン

トロツキーとレーニンは共に内戦の現場に赴いた。しかし、それらの写真はほとんどがスターリンによって徴収され廃棄された（写真：アフロ）

暴力をいとわず、敵であれば処刑もいとわない、思想に忠実とでも言えばいいのだろうか。

１９１９年３月24日、スターリンはナジェージダ・アリルーエワと再婚した。そして、その３月に行われた第８回党大会で、スターリンは過度の犠牲者を出すに至った責任をレーニンに批判されている。しかし、この時期に創設された政治局の正規メンバー５人のうちの一人に入っている。

５月、スターリンはペトログラード近くの西部戦線に派遣された。赤軍兵士の大規模な逃走と離反を止めるため、スターリンは脱走兵と反逆者を集めると、彼らを公然と「裏切り者」として処刑した。仲間を平然と粛清するスターリン。この点はヒトラーと大きく違う。毛沢東もそうだが、共産主義者を掲げる独裁者にありがちな行為だ。

スターリン7　レーニンとの対立

軍事的失敗をレーニンとトロッキーに批判され、逆切れ

革命政府の指示に従わず敗北

内戦は1919年末にはボリシェヴィキの勝利で決着がついた。革命政府は、勝利が見えてきたその年の3月には、国外へプロレタリア革命を広げるため、「コミンテルン」を結成していた。

レーニンの認識では、欧州中のプロレタリアートが革命の寸前にあると考えていたが、スターリンはそれに同意していなかった。1920年、ポーランド革命が激化したころにも、レーニンとスターリンの考えの違いが際立っていた。

ポーランド革命をより推進するためにレーニンは、ウクライナに展開していたボリシェヴィキ軍（赤軍）をポーランド領内に侵攻することを決定した。レーニンは、赤軍の侵攻によってポーランド国内のプロレタリアートが立ち上がると考えていた。

しかし、スターリンは逆にポーランドの労働者階級はナショナリズムから自国の政権を支持すると予想しており、レーニンの考えに対し警告を発した。

その後、ミハイル・トゥハチェフスキーが率いる赤軍がポーランドの首都ワルシャワに向けて進撃する一方で、スターリンは南西戦線でリヴィウの攻略を指揮していた。

8月初旬、革命政府はスターリンにトゥハチェフスキーのワルシャワ攻略を支援するよう再三にわたり命令したが、スターリンはリヴィウ攻略を優先するため、命令の実行を拒否した。結局、このこともあり、赤軍は敗北してしまう。

トロッキーへの敵愾心を深めるスターリン

モスクワに戻った後、スターリンはレーニンとトロッキーから、このことについてかなり厳しく批判されている。先述したようにスターリンの軍事的能力はかなり低い。それはトロッキーと比べたら雲泥の差である。

しかし、スターリンはそのことを認めようとはしない。独裁者のルールに「5、個人崇拝」があるが、その前提となる「自らの絶対化」もルールに付け加えたほうがいいように思う。自らの間違いを認めない。

レーニンとトロッキーに批判され、自尊心を傷つけられたスターリンは、8月17日に自らを軍事的役職から解任することを要求し、9月1日に受理されている。

さらに、1920年9月22日から開かれた第9回共産党協議会で、トロッキーはスターリンがポーランドとの戦争で「戦略的ミス」を犯したと批判した。これにレーニンも他の仲間も同調した。

ポーランド・ソビエト戦争

写真：アフロ

静観すべきだ
革命を支援

政府の側につく。
時期尚早だ！
ポーランド革命は近い。
積極的に
かかわるべきだ

これに対しても、スターリンは自省するのではなく、屈辱を与えられたと考えトロツキーへの敵愾心を強めるのだった。

やはり「自らの絶対化」を独裁者のルールに加えた方がいいだろう。間違いを認め反省するものは独裁者にはならない。

スターリン8

スターリン党書記長へ

党員の人事権を握った独裁者スターリン

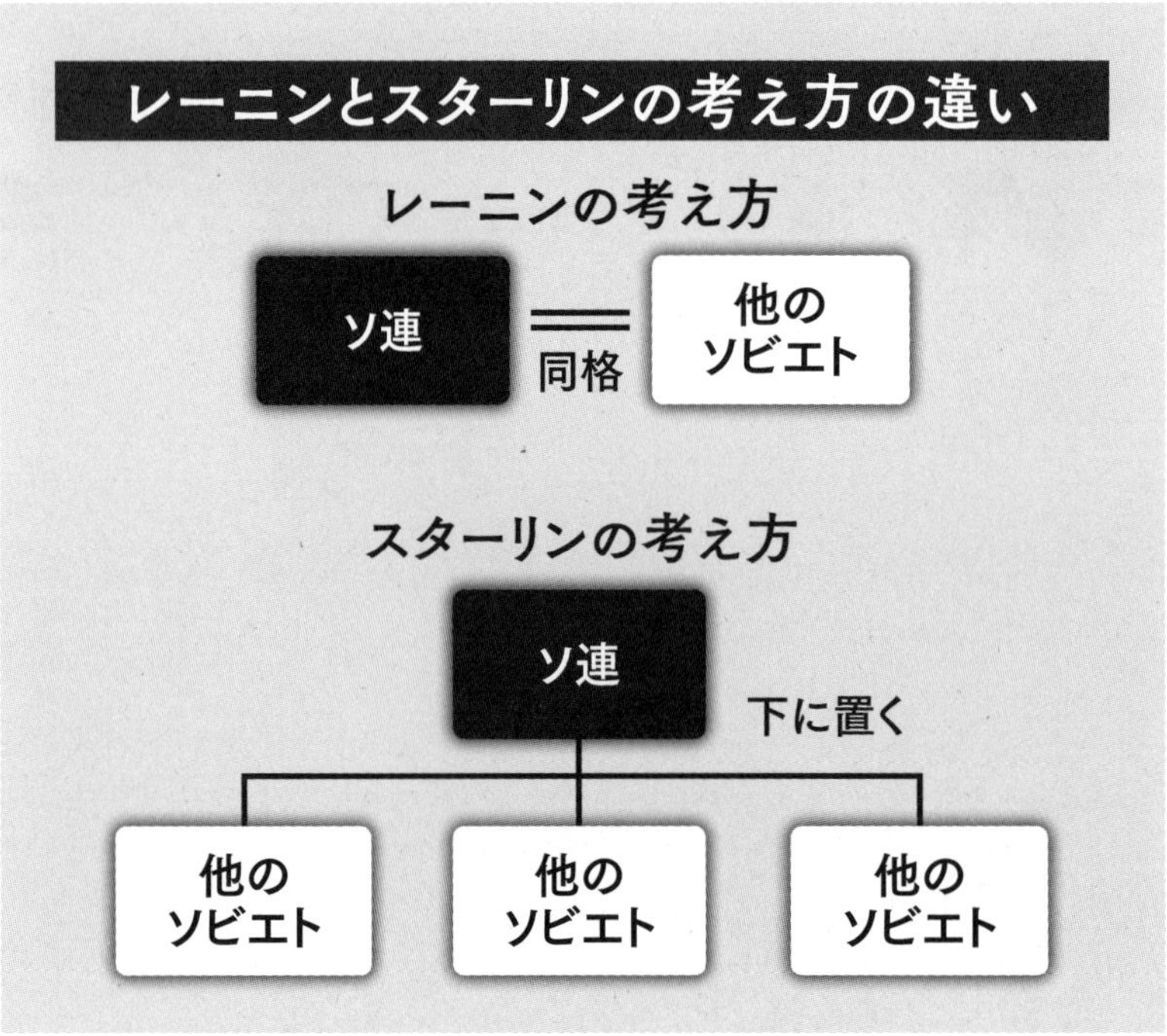

「アメとムチ」を手に入れたスターリン

1922年3月、レーニンは「新経済政策（ネップ）」を導入した。内戦の終結後、ロシア全土で、革命政府による食糧徴収に反発して、労働者のストライキや農民の一揆が頻発《ひんぱつ》した。ネップはその対策として農産物の余剰品などの品物を市場で売っても良いことにした。革命の一歩後退である。

その年の4月、第11回党大会において、レーニンはスターリンを共産党中央委員会書記長に任命した。スターリンはその後、30年間もこの地位にとどまることになる。このポストのおかげで、スターリンは党の高級公務員の異動や昇進のすべてをコントロールできるようになった。要は人事をすべて把握できるようになったということだ。レーニンは独裁者に最大の武器を与えてしまった。

そして、これは独裁者のルール「2、アメとムチ」を行使できるポジションになったことを意味する。書記長は昇進と降格をジャッジできるポジションなのだ。

5月、レーニンは脳卒中の発作を起こし半身不随となった。その後、レーニンはゴールキの別荘（ダーチャ）で静養生活に入り、革命政府とのつながりは頻繁に面会に訪れるスターリンを通してのものとなる。

「大ロシア主義」と批判されたスターリン

9月、グルジア問題をめぐって、レーニンとスターリンの対立が起きた。レーニンはグルジア単体での共和国を望むグルジア共産党中央委員会を支持、スター

写真：アフロ

リンは南カフカースの連邦国家を主張した。

これは、もともと国家の形態に対する考え方の違いにあった。レーニンは、ロシア国家も他のソビエト国家も同格の「ヨーロッパ・アジア・ソビエト共和国連邦」という連邦国家の創設を考えていた。しかし、スターリンは、ロシア・ソビエト共和国の下に非ロシア民族の自治共和国を設けるべきだと主張した。

このスターリンの考えは、のちの「一国社会主義」に通じるものだ。ソ連一国で社会主義を実現し、その周りに衛星国をおいてソ連を守るという考えだ。

レーニンがスターリンを「大ロシア排外主義」として批判した。一方で、スターリンはレーニンを「民族自由主義」として批判した。

ちなみに、新連邦国家は「ソビエト社会主義共和国連邦（Union of Soviet Socialist Republics）」と命名されたが、これはレーニンとスターリンの妥協の産物である。このときまでは、まだまだレーニンの頭脳も動いていた。

スターリン9　レーニンの死去

レーニンはスターリンの書記長からの排除を求めていた

棺に横たわるレーニン（写真：アフロ）

クルプスカヤを罵倒したスターリン

12月、レーニンの政治活動への参加をめぐり、スターリンがレーニンの妻ナデジダ・クルプスカヤに電話をしている。

そして、彼女に「ウラジーミル・イリイッチ（レーニン）と仕事の話はするな、さもないと党統制委員会に引っ張り出すぞ」と激しく叱責したのだ。

これに激怒したレーニンは、スターリンに「私は自分へなされた仕打ちを忘れるつもりはない……発言を取り消すなり謝罪する用意があるか、それとも我々の関係を断ち切るかよく考えよ」と詰問する手紙を送った。

スターリンは、レーニンに対して、クルプスカヤへの発言の真意はあくまでも医師たちの指示を守ってもらうためであって、乱暴に言ったつもりはないと釈明しつつも、かなり礼節を欠いた返事をした。

「あなたが我々の『関係』を保持するために私の発言を撤回せよと言われるなら、そういたします。しかし、問題は何なのか、私の落ち度がどこにあるのか、人々が私に何を欲しているのかは推量したくありません」と。

返信を受け取る前に死んだレーニン

しかし、1923年3月、レーニンはこの返信を受け取る前に、3度目の脳卒中発作を引き起こして廃人同然の状態となってしまう。そして、そのまま翌年の1月21日に死去してしまった。スターリ

レーニンの葬儀

赤の広場での葬儀の行列（写真：アフロ）

ンにとって目の上のたん瘤であるレーニンはいなくなった。

1924年5月22日の第13回党大会にて、クルプスカヤの希望によりレーニンの遺書が公開された。

遺書の内容は、「スターリンはあまりに粗暴過ぎる。この欠点は、われわれ共産主義者の仲間うちやその交際の中では我慢できるが、書記長の職務にあっては我慢ならないものとなる」「背信的なスターリンを指導者にしてはならない」というものであった。

レーニンはスターリンを書記長の地位から外し、「より忍耐強く、より丁重で、より思いやりがあり、あまり気まぐれではない人物」を、そのポストに任命するよう提案していた。

しかし、すでに時遅しであった。独裁者のルール「3、敵をつくる」行為をスターリンは始めていた。レーニンが存命中からジノヴィエフ、カーメネフと組んで反トロツキーの同盟を結成していたのだ。トロツキーという敵をつくりだしていた。

スターリン10

ひとりひとり政敵を追い落とすスターリン

政敵の排除

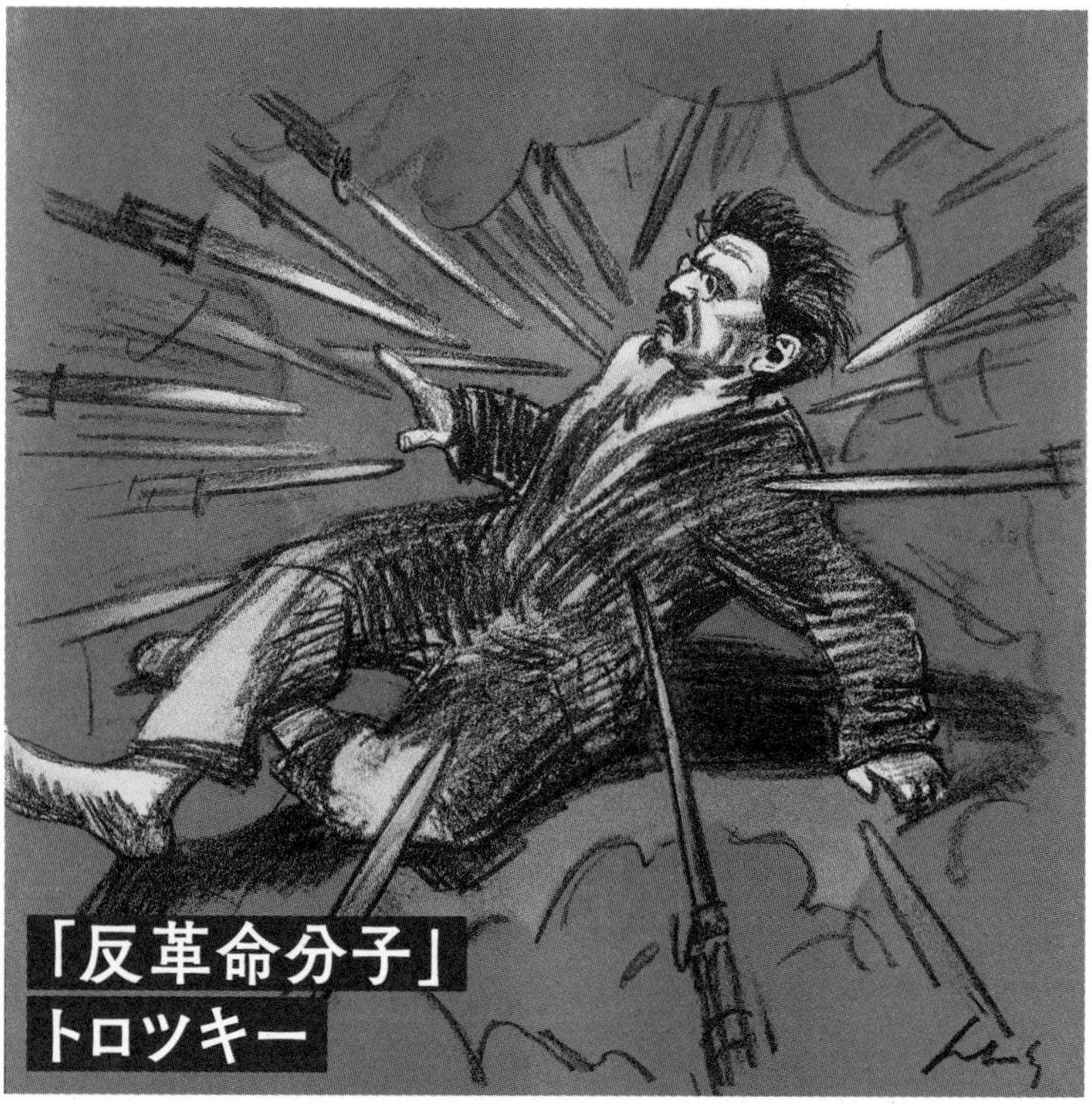

トロツキーは支持されていないと風刺画にも書かれた（写真：アフロ）

まずは最大の敵トロツキー

　レーニンの後継者として、有力だったのは、トロツキー、ジノヴィエフ、カーメネフ、ルイコフ、トムスキーである。特に最有力候補はトロツキーであった。

　まず、スターリンは最有力のライバルの蹴落としにかかった。ただし、これにとどまらない。トロツキーを追い落としたスターリンは、その後、ルイコフ、トムスキーと手を組み古参の党員であるブハーリンを政治局員にして、ジノヴィエフ、カーメネフを中枢から遠ざけた。

　さらに、権力を盤石にした後は、1929年11月にブハーリンを、さらに1930年7月にトムスキーを、そして1930年12月にルイコフを政治局から追放しているのだ。

　スターリンはレーニンの後継者と言われた者を悉《ことごと》く排除した。ここで、もう一つ独裁者のルールを付け加えてもいいだろう。それは、「権力の匂いをかぎ分ける力」ということだ。

　ヒトラーは合法的手段でプロパガンダをガンガン仕掛け、権力をとっていった。それはひとえに彼の演説力とカリスマ性にある。そこに彼は「権力の匂い」をかぎつけた。

　しかし、スターリンは違う。カリスマ性はそれほどない。演説の力もない。彼の能力は「権力に近いものをかぎ分ける力」と言ってもいいだろう。レーニンがすごいと思えば、レーニンに近づき、彼の死が近いと感じると、次を狙って権力

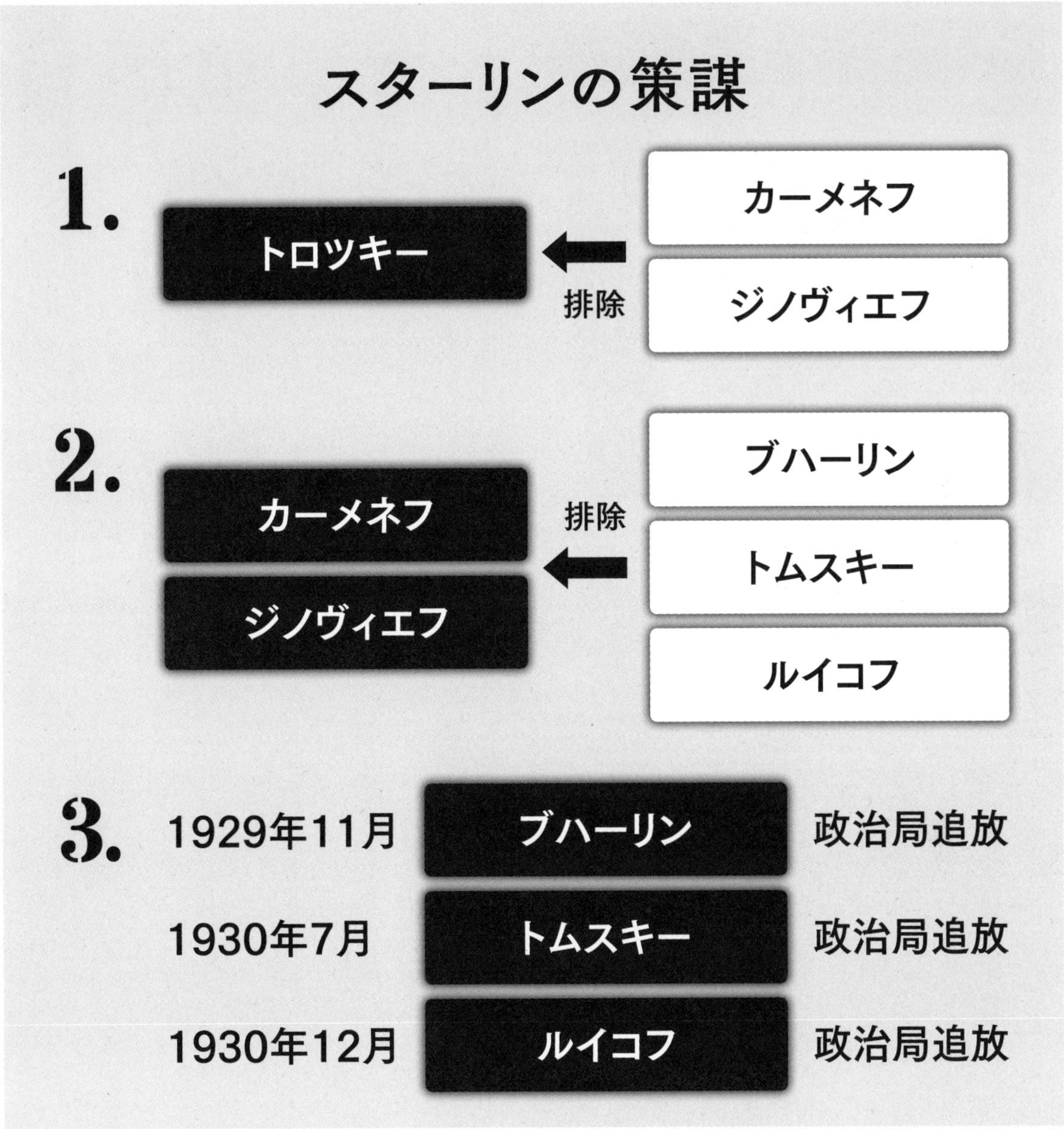

に近いトロツキーを追い落とす。

これは天性のものか、後天的なものかわからない。しかし、独裁者になるには、その「権力の匂いをかぎ分ける力」が必要なのだろう。

「反革命分子」というレッテル貼り

ちなみに、ここでもう一つ独裁者のルールに言及しておこう。それは「プロパガンダの重視」だ。ヒトラーはプロパガンダの天才だったが、スターリンも政敵を追い落とすときはレッテル貼りとそれをもとにしたプロパガンダに励んだ。

政敵にはすべて「トロツキスト」か「反革命分子」のレッテル貼りをし、それを繰り返し連呼した。それも一人でなく味方に引き入れたものと共に、政敵への攻撃をした。トロツキーをはじめ、多くの政敵はそれに抗することができず、排除されていったのだ。

スターリン11 合意を得る

一国社会主義という耳障りの良い政策

原則より現実

スターリンがトロツキーを排除できた理由はもう一つある。独裁者のルールである「11、合意を得る」という行為だ。

スターリンはトロツキーとの対決で、「一国社会主義」を主張した。トロツキーは「永続革命。革命の世界の波及」である。マルクスの理論から言えば、トロツキーの方が正しい。マルクスは「万国の労働者よ、団結せよ」と言っていたし、インターナショナルを掲げていた。

しかし、ソ連の労働者は疲れていた。度重なる内戦とそれに伴う食糧徴発などの犠牲に、これ以上、関わりたくないと思っていた。古参の筋金入りのボルシェヴィキもそうだったろう。

その感情にうまく乗ったのがスターリンの「一国社会主義」だ。ソ連だけで社会主義をつくり、それが出来た後に世界に革命をひろげていけばいい。世界革命を捨てるわけではない。いまのところ、一国で社会主義を成功させ、それによってソ連を豊かにし、後に他の国に広げるのだ。

さらに、この考えに裏付けを与えたのが、1915年にレーニンが書いた「革命は世界の帝国主義国家複数で同時に起こるのでなく、一国のみでおこることもある」という文章である。スターリンはロシア革命を起こしたレーニンの力をも利用して、多くのソ連人民に自らの理論の合意形成を図った。

しかし、スターリンの理論はレーニンと共に戦い、世界革命を目指してきた古参のボルシェヴィキにとっては、気持ちの上では惹かれるものがあったとしても、理論的には納得できるものではなかった。一部にはそのような党員もいた。

トロツキー

人事権で新人を登用

ここで役立ったのが、スターリンの党書記長としての人事権である。彼は自らに忠実で、彼の「一国社会主義」を信じ込む部下を、党と政府の要職に配置した。大学教育を受けた者が多い古参党員よりも労働者・農民出身の新規党員を重用することで、自らの支持者を国全体に広げたのだ。

ここにも独裁者のルール、「8、エリートを取り締まる」の素地が見える。この時はまだ、エリートだった古参党員を取り締まっていないが、これが、始まりの一歩だった。

さらにこれには独裁者のルール、「6、教化」の意味もある。新しい党員に自らの理論である「一国社会主義」を教化することにもなる。これによって、新規党員たちはスターリンの理論を金科玉条のように崇めようになった。

まるで、ヒトラーがナチス党員に吹き込んだ「世界に冠たるゲルマン民族」のように、信念的信念になるのだ。

スターリン

徹底批判
一国社会主義！
「労働者は疲れている。まずは国を豊かにしよう！」

写真：アフロ

スターリン12

個人崇拝

レーニンという虎の威を借るスターリン

レーニン廟に永久保存された遺体

「個人崇拝」が独裁者のルール5である。

レーニン廟に安置されたレーニンの遺体。永久保存の処置が施されている（写真：アフロ）

ヒトラーは自らを指導者として崇めるようナチスの党員はもちろん、ドイツ国民に求めた。さらに、ヒトラーに忠誠を誓うよう彼らに求め、多くの国民はそれに従った。

　それは、ヒトラーにカリスマ性があったからだ。しかし、スターリンにはそのようなカリスマ性はなかった。ロシア革命当時、カリスマ性があったのはレーニンとトロツキーだ。彼らの演説に多くの労働者は鼓舞され闘いに立ち上がった。

　スターリンは自らにカリスマ性がないことは知っていた。だから、どうしたのか？　レーニンを使ったのだ。虎の威を借りる狐である。レーニンが亡くなってのち、レーニン廟をつくりレーニンの遺体を腐敗処理し、永久に保存できるように処置をした。

　これに対してはトロツキーもレーニンの妻のクルプスカヤも反対したが、スターリンは強行突破した。そしてレーニンを神格化したのだ。

　多くの国民はレーニン廟に訪れレーニンを崇めるようになった。どこの国も一緒であるが、ヒトラーのような超が付くようなカリスマ性のある人物は、生前から神格化できるであろうが、亡くなれば、それはより神格化しやすくなる。逆にヒトラーは死んだあと、地に落ちてしまったが。

レーニンを正式に継ぐ者

スターリンはレーニンの神格化のおこぼれを貰ったのだ。スターリンは、自らをレーニンの正式な後継者であり、その意思を引き継ぐものであるということを大々的にアピールした。それは、レーニンを神格化すればするほど、効果的であった。

　そのために、スターリンは『レーニン思想の基礎』という本を書き、新規党員の最初に読むべき必読の書とした。そし

個人崇拝の象徴、レーニン廟

レーニンを神格化させるために建てたレーニン廟（写真：アフロ）

て、レーニンが亡くなって十日ほどしかたっていないときに、党員の大々的な入会キャンペーンをしている。

のちに、スターリンは第一次五か年計画と農業の集団化で多くの犠牲者を出すが、それに抗議した農民たちや労働者は、みな、こう言ったという。

「このことを、スターリン同志は知っているのですか？」

スターリンが悪いのではなく、現場が間違っていると言っているのだ。あるいは君側の奸がいると思っている。

スターリンはレーニンを使って独裁者のルール「5、個人崇拝」をした。しかし、このことはスターリンに限らない。現在の北朝鮮の金正恩も祖父の金日成、父の金日正の血を引くものとして、そのカリスマ性の担保をしている。

だからこそ、もうひとり、その血をひく金正男を暗殺したのだ。自分一人にカリスマ性が集まるようにするためだ。スターリンはレーニンの血を引いてはいないが、レーニンの最も薫陶を受けたものとして自らを神格化し、国民に「個人崇拝」を求めた。

スターリン13

失敗した第一次五カ年計画

農業の集団化で1200万人の死者

農業を犠牲にした工業化

　前項でも述べたように、1928年から始まったスターリンの第一次五カ年計画は大失敗であった。特に農業の集団化は深刻な危機を招き、農業の現場は飢餓にあえぐことになる。

　もちろん、これは第一次五カ年計画の構造上、どうしても起こることだった。スターリンの第一次五カ年計画の目的は工業化である。そのために農作物を外国に売って、それで得た外貨で工業化に必要な設備や技術を買っていた。

　そして、外貨を稼ぐために、農業の集団化を急いだわけだが、集団化したからといって、そんなに簡単に収穫が増えるわけではない。逆に、不適切な集団化で農地をダメしてしまうこともある。実際、カザフスタンでは牧草地を穀物畑にしようとして失敗し、150万人もの餓死者が発生している。

　農業集団化の前は、ネップで農民がより生産すれば、その分の農作物が売れるようになって、生産物は増えていった。しかし、それも止まってしまった。さらに、獲れた作物は外国に売られてしまって、手元に残らない。だから飢餓が発生する。

「敵をつくって」危機を乗り越える

　1931年から33年にかけて、農作物の大量挑発によって、ウクライナ、北カフカス、ヴォルガ川流域地方を中心として700万人の餓死者を引き起こす大飢饉が発生した。

　当時のスターリン政府は、このことをひた隠しにしたが、いまは誰もが知るところだし、現在のウクライナ戦争の遠因にもなっている。

飢餓に曝されるウクライナの子ども

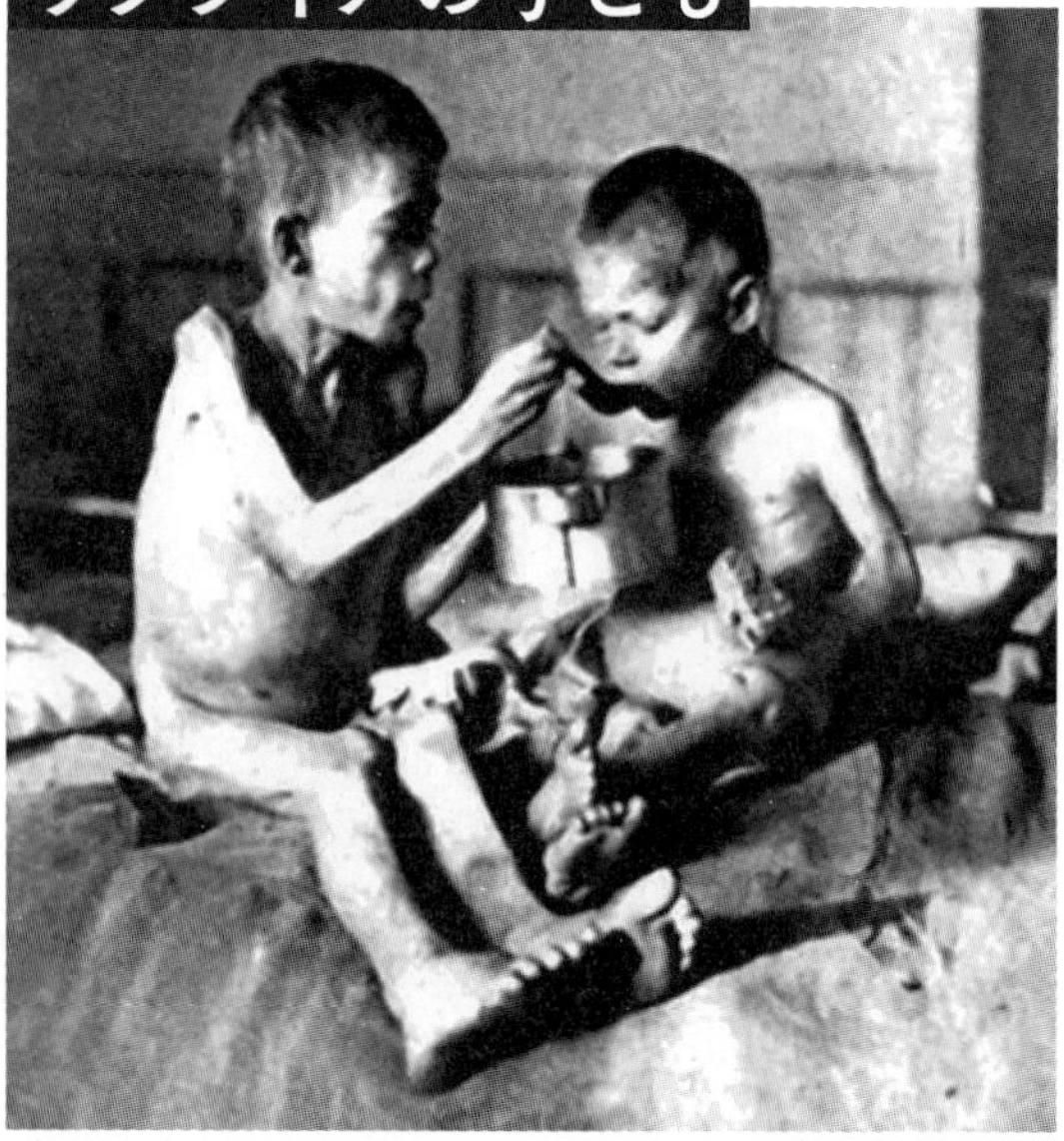

スターリンの集団化の犠牲になった子どもたち
（写真：アフロ）

家を追われるクラーク。ホロモドールはスターリンによる第一次五カ年計画で人為的に作られた飢饉のこと。その責任をクラーク（富農）負わせるため、彼らを敵に仕立て上げた（写真：アフロ）

このとき、集団化を批判する農民たちに、スターリンが取った手口は「敵をつくること」だった。集団化を遅らせていて、なおかつ農作物を独占しているのは豊かな農民＝「クラーク（自営農）」たちであるとした。彼らが自らの懐を膨らませているため、多くの農民や都市の労働者は十分な食料を得ることができない、としたのだ。

だから「クラーク」を弾圧しなければならないとなった。これによって富豪とされた350万人が処刑されている。想像を超える数の農民たちが殺されているのだ。

このことは、独裁国家でなくても行われていることだ。いま、いくつかの国で「敵をつくること」が行われている。分断し双方で罵倒し合う大国もある。

確かに本当の敵もいるだろう。「敵が悪い」ことも、一見正しく見えることがあるだろう。しかし、もう一度、それは本当の敵かどうか見極める目を持つことが大切だ。独裁者に「合意を得る」ことさえしなければ、独裁は簡単にできないのだから。

トロツキーを一緒に追い落としたジノヴィエフとカーメネフを処刑

存命中のキーロフ（写真：アフロ）

キーロフ事件

1934年12月1日、セルゲイ・キーロフはレニングラードにおいて、青年のレオニード・ニコラエフによって暗殺された。セルゲイ・キーロフは政治局員・党エリートであり、その弁舌と貧困層への真摯《しんし》な態度で大きな人気があった人物である。

問題はここからである。ルール「10、恐怖の創出」がなされた。それも一般国民は知らされず、党の内部で行われている。

ニコラエフがキーロフ暗殺事件を起こした理由は分かっていない。分かっていないが、それをスターリンは政治利用した。そして大粛清をはじめたのだ。最初の標的はトロツキーを追い落とすために一時的に手を組んだジノヴィエフとカーメネフだった。

彼らがトロツキーと手を組んでキーロフを殺したと喧伝し始めた。そして、キーロフだけではなく、スターリンをはじめ党の幹部を暗殺し国家を転覆させようとしているとしたのだ。

スターリンは、この二人を逮捕し厳しい尋問にかけた。スターリンは尋問の責任者に「その鞄にカーメネフの自白調書が入るまでは、報告に来なくていい」と言い放った。

ジノヴィエフとカーメネフは、スターリンに家族と共に命を助けてほしいと懇願するが、スターリンは有罪を認めたら、処刑はしないし家族は助けると約束した。

見せしめの公開裁判

しかし、それは嘘っぱちであった。ト

公開裁判にかけられ処刑されたジノヴィエフ（左）とカーメネフ（右、写真：アフロ）

ロッキーに対して一緒に闘った仲間であっても容赦はしなかった。

スターリンは二人を公開裁判にかけた。見せしめにしたのだ。スターリンに歯向かう者はすべて処刑されると「恐怖の創出」をした。

１９３６年8月19日、彼らを裁く公開裁判が開かれた。外国人記者も招いて行われている。５日後の8月24日には判決が言い渡され、ジノヴィエフとカーメネフを含む16人は銃殺刑を言い渡され、すぐに執行された。

罪状はキーロフ殺害と、トロツキーと組んで国家転覆をはかったということだった。「人民の敵」ということだ。

これを見ていた多くの党幹部が震撼した。スターリンの子飼いとされたフルシチョフも後に発言している。

「スターリンに夕食の宴に呼ばれても、一時も心が休まるときはなかった。宴が終われば、もしかすると、私も逮捕されるかもしれないからだ」

まさに「恐怖の創出」であった。

スターリン15

大粛清

古参幹部の一掃 狙いは子飼いの全登用

粛清が被害を大きくした バルバロッサ作戦

1941年夏、ドイツ軍のソ連侵攻中に焼死したロシア兵。1941年6月21日から12月5日にかけて行われたナチスの侵攻であるバルバロッサ作戦では、45万人以上の戦死者を出した。ソ連の優秀な将兵が粛清されたのも被害を大きくした原因だ（写真：アフロ）

「教化」された新党員

キーロフ事件をきっかけに「大粛清」の嵐が吹く。スターリンの狙いは古参幹部の一掃だった。そして、スターリンが書記長になってから、抜擢された党員や入ってきた新しい党員にとって替わらせることだった。

それによってスターリンを「個人崇拝」し、スターリンの思想に「教化」された党員のみで共産党とソ連を運用しようとしたのだ。彼らはスターリンのおかげでキャリアを築いていく、彼に全面的に忠実な新世代のリーダーたちだった。

ボリシェヴィキの第一世代と言われるものはほとんどが排除された。それは、政治、経済、軍事の部分で要職に就いていた者たちだ。

「大粛清」は１９３６年から38年にかけて行われた。政治、経済、軍事の責任者が何万人も逮捕され処刑された。１９３９年初頭、党の地方書記３３３人のうち２９３人、中央政府の高級官僚３万３０００人のうち、２万６０００人がポストに就任してから1年未満のものであった。

80％の共産党の幹部や責任者がパージされただけでなく、１９３７年８月から１９３８年11月にかけて、ソビエト市民の１５０万人以上が逮捕され特別法廷で有罪判決を受け、80万人が死刑判決を受けている。

死刑の理由は「ソビエト国家の基盤を切り崩す、社会的に有害な分子」であることだ。ソ連に対して批判的であったり、国家に従順でなかったりしたものを処刑したということだ。

神風だった冬の到来

しかし、このことがヒトラーによる独ソ戦で裏目に出る。この大粛清によって、赤軍の司令官クラスをはじめ上層部が排除されたことによって、ソ連はドイツに

ルーズベルト、チャーチルとともに「諸民族の父」として、戦後処理を話し合うスターリン。その裏にどれだけの犠牲があったことか（写真：アフロ）

一方的に敗北を喫することになる。

なおかつ、スターリンの戦《いくさ》下手が輪をかけた。戦略・戦術ミスで2000万人も犠牲者をだしてしまったのだ。

しかし、異常に寒い冬の到来がソ連に味方した。例年マイナス20℃くらいの気温がマイナス40℃まで下がった。さらに、権力を維持する政治的センスがスターリンにあったのだろう。兵士のレーニンによって作られたスターリンの神格化と祖国への愛国心を鼓舞したのだ。

兵士たちは「スターリンのために戦おう！　祖国のために戦おう！」と歌いながら戦場に出て行った。最終的にはジェーコフ元帥の踏ん張りもありドイツにソ連は勝利したのだ。

勝利後、スターリンはイギリスのチャーチル、アメリカのルーズベルトと共にヤルタ会談に出席し「諸民族の父」として崇められるようになる。まさに、自ら「個人崇拝」を手に入れたのだ。皮肉と言えば、これ以上の皮肉はないだろう。

そして、1953年3月5日、「諸民族の父」は永眠した。

しかし、物語はここでは終わらない。

スターリン16

地に落ちた巨人

子飼いに暴かれた「諸民族の父」という偶像

レーニン像の前でスターリン批判をするフルシチョフ（1954年2月14日、写真：アフロ）

フルシチョフのスターリン批判

１９５６年2月、スターリンのあとを継いだニキータ・フルシチョフは、秘密会議においてスターリン批判を行った。

フルシチョフはスターリンの忠臣のひとりであった。スターリンは飼い犬に手を噛まれたわけだ。

生きているうちはいいかもしれないが、死んでしまえば、もう「恐怖の創出」はできない。フルシチョフにしてみれば、「恐怖」の対象がいなくなったのだから、そんな奴の言うことは聞く必要ないということだ。

フルシチョフはスターリンの仮面を引きはがした。「個人崇拝」、数多い「過《あやま》ち」、「いきすぎ」、「権力の濫用」を告発し、「諸民族の父」の偶像を破壊したのだ。

このことは、全世界の共産主義にシンパシーを寄せていた者に、大ショックを与えた。日本では反代々木と言われる新左翼の勢力が現れ、反革命の象徴のように言われていたトロツキストが大手を振って闊歩《かっぽ》するようになった。

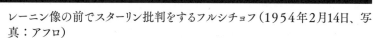

崩壊したソ連

そして、それから35年、レーニンとスターリンの折衷案として成立したソビエト社会主義共和国連邦はあっけなく崩壊した。独裁者スターリンの作ったソ連はもうない。何千万もの人々を虐殺し、作り上げた帝国は存在しない。いったいソ連は何だったのか？　人類の試練の一つだったのか。我々はもう一度問う必要が

崩壊するソ連

1990年2月23日、モスクワのダウンタウンの広場に集まる数千人のデモ参加者たちと合流するため、モスクワのクリミア橋を渡って列をなす民主化支持デモ参加者たち。前景にいる人々は、全土での自由選挙を求める組織の一つの旗や横断幕を振っている（写真：アフロ）

あるだろう。

ちなみに、この章では独裁者のルール「9、不安を作りだす」に触れていない。きっと次の章でも触れないであろう。「9、不安を作りだす」とは、トランプが言う「不法移民が血を汚す」ということだ。彼が独裁者とは言わないが……。

スターリンも言ったであろう。「クラークが我々の食料を奪う」、「トロツキストが我々の国家を転覆する」と。

「恐怖の創出」にも、「敵をつくる」ことも、「プロパガンダ」も「アメとムチ」も「不安を作り出す」ことと一体になっているのだ。

ヒトラー、
スターリン、
毛沢東
3大狂人伝説
宝島社

第3章 毛沢東の狂人伝説

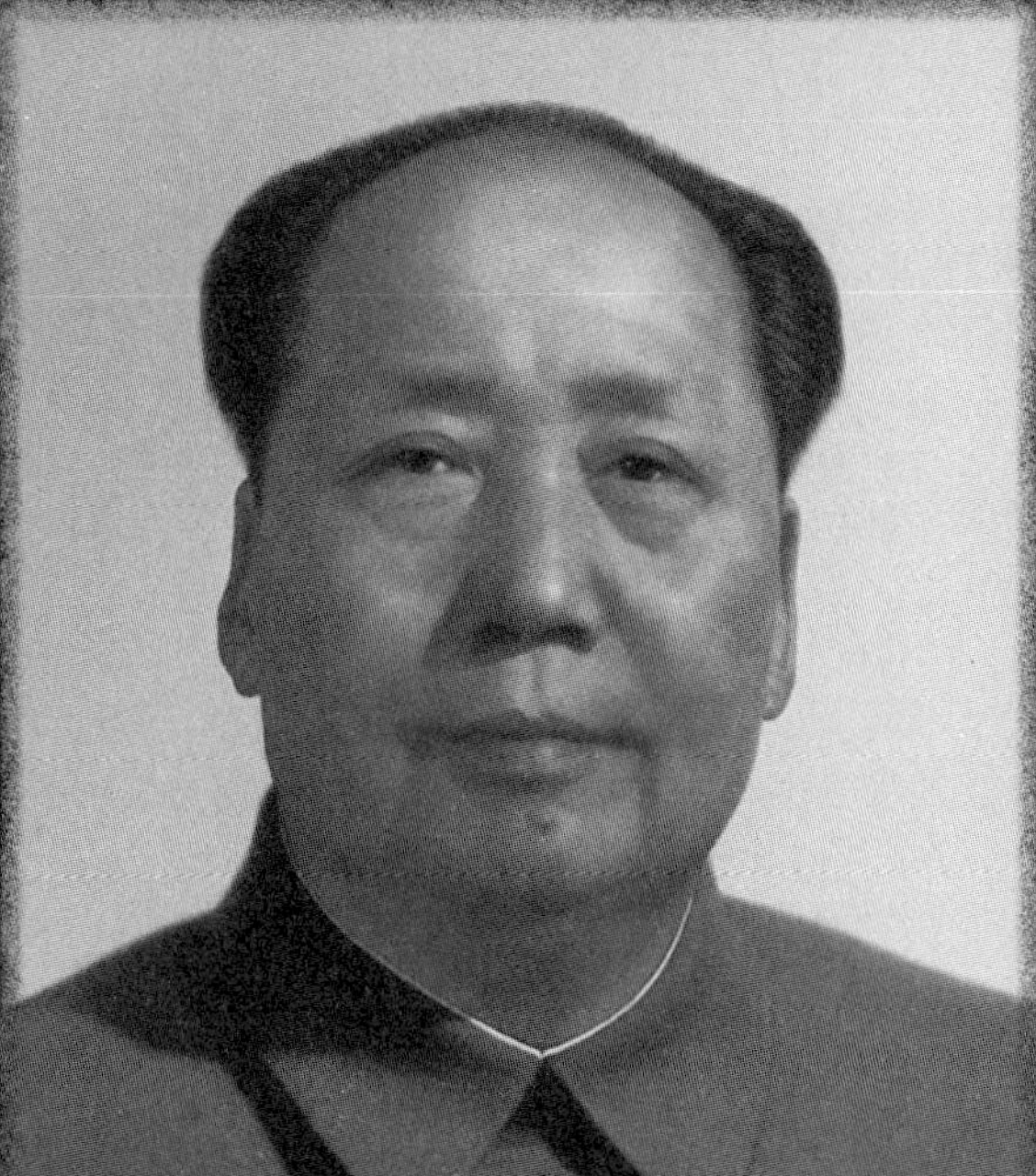

毛沢東１

いつ暴力主義者になったのか

社会正義の理想に燃える若き毛沢東

革命とは遊びではない

「革命とは、客を招いてご馳走することでもなければ、文章を推敲《すいこう》したり、絵を描いたり、刺繍をしたりすることでもない。そのように優雅で穏やかでお上品でもない。革命とは蜂起、暴力である。一つの階級が別の階級を打ち倒す暴力行為なのだ」

これは１９２７年に語られた毛沢東語録の一つである。この時、彼は34歳だった。30代後半からの彼の生涯は、この暴力ですべてが色塗られている。しかし、30代前半までは、暴力とは無縁だったのだ。何が彼を変えたのか？

１８９３年12月26日（光緒19年11月19日）、清《しん》の湖南省湘潭県韶山冲にて、毛沢東は、父親の毛貽昌《もうたいしょう》と母親の文素勤《ぶんそきん》の間に生まれた。五人兄弟の三男として誕生したが、長男と次男は夭逝したため、事実上の長男であった。

毛沢東の生まれた場所

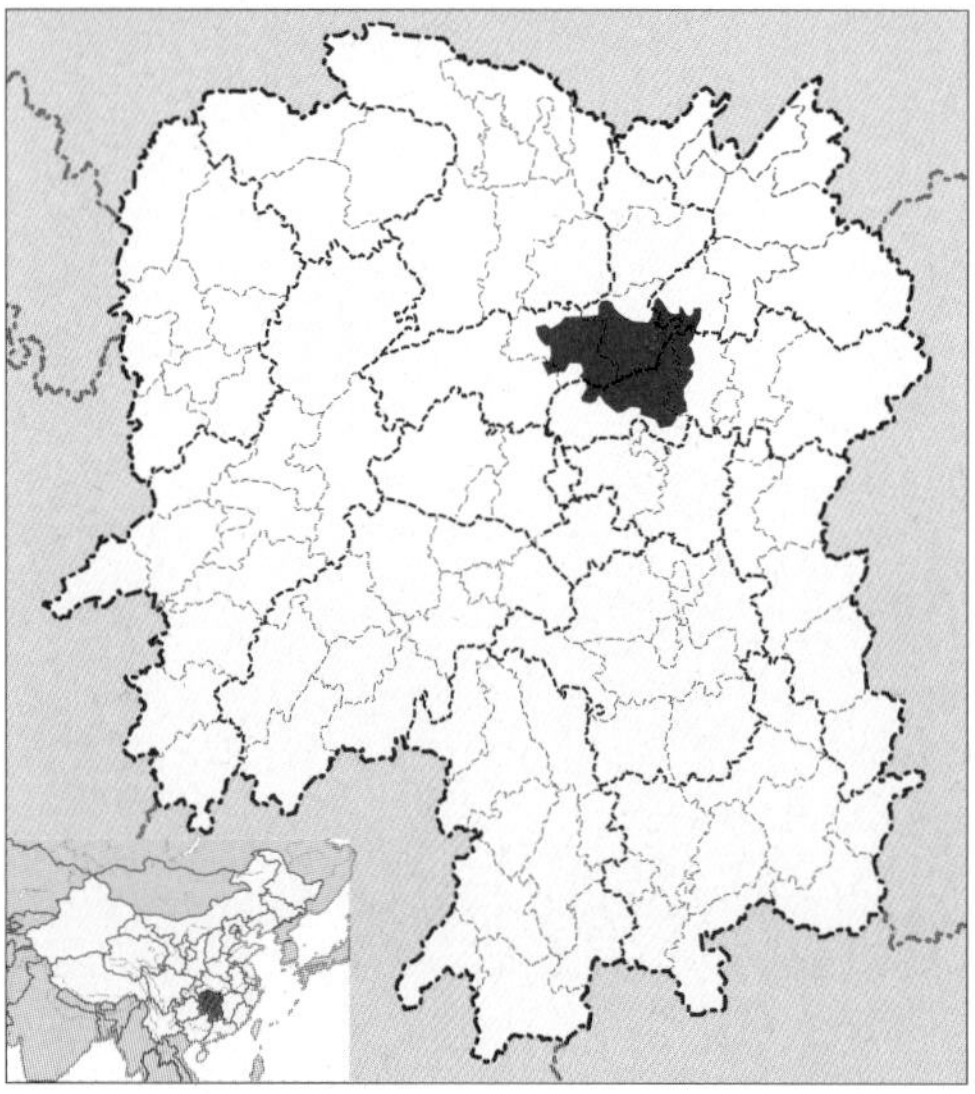

中国湖南省湘潭県

１９１０年、毛は湘郷県立東山高等小学校に入学する。彼はここで康有為《こうゆうい》や梁《りょう》啓超《けいちょう》らの思想を学び影響を受けた。彼らは清を変えて立憲君主制にすべきであると唱えていた。

毛は、１９１１年10月に辛亥《しんがい》革命が勃発すると、清中央政府に反旗を翻《ひるがえ》した湖南駐屯の第25混成協第50標第1営左隊に入隊した。しかし、半年後に清朝が事実上崩壊したため、ほとんど軍務を経験することなく除隊して学校へ戻っている。

その後、毛は、いくつかの師範学校を転々とする間にアダム・スミスやモンテスキューなどの社会科学系の書物に触れている。そして、１９１７年には、孫文《そんぶん》の同志だった宮崎滔天《みやざきとうてん》の講演を聴いた。このとき、毛は日本が欧米白人のアジア支配を打破したことを聞いて喜んだ。同年には中国共産党の設立者のひとりである陳独秀《ちんどくしゅう》が主宰する雑誌『新青年』に「体育の研究」を発表している。毛の最初の論文である。

どこにでもいる一青年

毛沢東が影響を受けた出来事と人

孫文

辛亥革命。しかし毛沢東は参加していない

モンテスキュー

康有為

そして、1918年4月以降、彼は政治活動に参加するようになった。この当時の毛は中国全土にいる多くの学生と同じように、清から中華民国へと大きく変わる時代に呼応するように政治に目覚めた一青年でしかなかった。

師範学校を卒業し意気揚々と北京へ上京した毛は、北京大学の図書館に司書補として勤めるようになる。しかし、ここで毛は屈辱を味わうことになる。北京大学には高慢なインテリが蔓延っていた。北京大学の正式な学生ではない毛は、それでも興味をそそる講義が行われると聴講生として教室に忍び込んだ。

ある日、哲学科の授業で思い切って質問したことがある。そこで毛は教授から威圧的な態度で「あなたは正規な学生ではないので、質問にこたえることはできません」とにべもなく断られたのだ。

北京大学でインテリ知識人層に侮蔑《ぶべつ》されたことは毛にトラウマを植え付けた。知識人は自分が一番偉いと思っている高慢ちきな人々だ。強い憎しみを持った。それが後の反右派闘争、文化大革命の下地となっていく。

　写真：アフロ

毛沢東2

暴力との出会い

マルクス主義に目覚める毛沢東

北京からの故郷への帰還

1919年、司書補の仕事の給与は生活できるぎりぎりで、なおかつ、インテリどもには馬鹿にされる日々に毛沢東は失望し、故郷の湖南省に戻ることにした。

毛沢東の妻と二人の子供（写真：アフロ）

このとき毛は25歳であった。そして、1919年は五・四運動が起こる年である。五・四運動は北京大学を拠点にした、抗日、反帝国主義、反封建主義の運動であった。

毛は故郷に帰っていたため、この運動に参加することができなかった。政治に目覚めた青年にとっては、とても悔しいことである。故郷に戻って初等中学校の歴史教師となった毛は、五・四運動に対抗するかのように湖南学生連合の機関紙『湘江評論』を創刊した。

しかし、省政府から4号で発禁処分を受けてしまう。この当時の毛はまだマルクス主義者ではなかった。ほとんどマルクスを知らない。どちらかと言えばアナーキストに近いといえるが、はっきり言ってごった煮の思想である。

毛が、初めて権力の暴力に直面したのもちょうどこの年だ。1919年の終わり、河川の港湾都市である福州市で学生たちが日本海軍陸戦隊の暴挙に抗議してデモに立ち上がった。

これに呼応して湖南省でも学生たちが立ち上がると、湖南省長官の張敬尭《ちょうけいい》は弟の張敬湯《ちょうけいとう》が率いる分遣隊を派遣した。そのとき、張敬湯は「お前たちは湖南人のならず者だ」と声をはりあげ、サーベルを振り上げ、容赦なく学生を斬りつけたのだ。

権力の持つ暴力に初めて毛は直面した。

北京で行われた反日、反帝国主義、反封建主義の運動だが、毛沢東は参加していない（写真：アフロ）

徐々に毛の中に暴力が目覚め始めていった。

翌１９２０年、彼が尊敬していた楊昌《ようしょう》済《せい》が死んだ。彼は共に北京へ行った仲間だ。彼はこの年の末に楊の娘、開慧《かいけい》と結婚している。

党専従への道

そして、この年、毛はマルクス主義に触れることになる。当時、中国全土には共産党員は57人しかいなかった。１９２１年7月23日、毛は中国共産党の第１回党の結党大会に出席する。その結党大会には13人の代表しかいなかった。毛は名誉ある結党大会のメンバーとして名前を刻まれることになるのだ。これは政治に目覚めた青年に限りない誇りを与えた。

毛は、この大会で湖南の責任者に選ばれ、共産党専従となっている。毛の生活は安定していた。出版物の発行や新式の学校の校長になったことや、党からの専従手当、さらには父親の財産もあった。毛は妻の開慧との幸せな生活を送っていた。

毛沢東3

暴力の目覚め

1927年上海クーデター 殺された500人

される共産党員

第一次国共合作

独裁者というモンスターになる人間は、どこかでそのモンスターになる結節点を迎える。ヒトラーは第一次世界大戦でのドイツの敗北であり、スターリンは神学校時代の学校や父親との確執だろう。毛沢東はどこだったのだろうか。

毛は、1923年6月の第3回共産党大会で、現在の中央委員会にあたる中央執行委員会の委員に選ばれた。委員は5人しかいないから、かなり高い地位に上ったことになる。同時に、この第3回党大会では、コミンテルンの指導の下で「国共合作」の方針が決議されている。中国国民党と中国共産党は共に協力し、どちらの党にも所属できるとした。

毛は1924年1月の第1回中国国民党全国代表大会に出席し、国民党中央執行委員会の候補委員に選出されている。そして、国民党上海支部の幹部(組織部書記)にもなっている。共産党と国民党の両方の幹部となったわけだ。

毛は指導者の地位を生かして労働組合のオルグに力を注ぐ一方、1926年には国民党農民運動講習所(幹部養成校)の所長にもなっている。彼はこの所長の仕事が気に入り、国民党に宗旨替えをしようと考えるが、結局、故郷に帰り共産党に戻っている。

上海クーデター勃発

そして毛に、暴力に目覚めさせる大事件が起こる。1927年4月12日の国民党の蒋介石《しょうかいせき》による上海クーデターだ。これによって第一次国共合作は崩壊した。

このクーデターを描いた小説にアンドレ・マルローの『人間の条件』がある。いくつか事実にないことも書かれているが、真実もある。

上海共産党の周恩来《しゅうおんらい》は、蒋介石が北伐に進軍しているときを狙って上海で蜂起し、臨時政府を作ろうとした。これに対して国民党の蒋介石は北京からとって返して共産党員たちを急襲したのだ。そして大虐殺が始まった。共産党員たちは首

上海クーデターで弾圧

を斬られ、生首を皿に乗せられ運ばれた。郊外では夜になると軍用トラックの灯りで銃殺が行われた。

これによって500人近くが殺され、1500人が逮捕され、幹部は処刑された。さらに、5000人近くが上海から逃げ出した。このとき、中国共産党の活動家の10人中8人が行方不明になっている。そのうち、殺された者や恐怖のあまり共産主義を捨て去った者もいる。

一方、この弾圧を生きのび試練に耐えたものは、意思がより強固になった。何ものにも怯《ひる》まない覚悟を持ったのだ。毛沢東もその一人である。彼は、この現場から遠く離れた湖南にいたため無事であった。毛は、その直後に開催された第5回党大会で中央委員会候補委員に選出された。彼は8月7日に漢口において開催された党中央緊急会議（八七会議）において、「武力で政権を打ち立てる」方針を提案し決議されている

そして、毛は9月9日に湖南省で武装蜂起を試みた。これは失敗して、配下の農民兵と共に湖南省と江西省の境にある井崗山《せいこうざん》に立てこもった。

写真：アフロ

毛沢東4

ゲリラ部隊の創設

地主・富豪を襲って虐殺 財産没収の「土地革命」

1930年ごろの蒋介石

写真：アフロ

妻を殺される

上海クーデターを経て、毛沢東は、これから先、血を流すことに躊躇しないと固く心に刻み込んだ。井崗山に立てこもった毛は、1929年から1931年にかけて湖南省・江西省・福建省・浙江省の各地に根拠地を拡大しゲリラ部隊を結成した。

地主・富農を襲って、あるときは虐殺し、彼らの土地・財産を没収し、貧しい農民に分配するという「土地革命」を実施していった。

これに対して蒋介石も報復した。1930年、毛が湖南省の省都である長沙市を取り囲んだとき、毛の妻で長沙に住む開慧とその子どもたちを人質にとった。

国民党は、彼女に毛との離縁を強要した。しかし、彼女は健気にもこれを断った。結局、開慧は処刑されてしまう。その後、子どもたちは毛の親族のもとに返されている。

これを知った毛は、怒りに体が震えた。当時、毛は賀《が》子珍《しちん》という別の愛人がいた。毛は生涯、漁色家であった。何人もの妻、愛人がいた。「英雄色を好む」というが、毛の場合は「独裁者色を好む」であった。

復讐

毛は執念深い男である。スターリンも同様であったが、一度受けた報いは絶対に返す。執念深さは独裁者を独裁者たらしめている性格だろう、毛は妻を殺された復讐心に燃えた。

妻が殺されてから1カ月半後、毛の部

隊は国民党の第18師団を率いる張輝瓚《ちょうきさん》を捕まえることに成功した。

張は蒋介石にとって親しい友人であったため、蒋は張の解放を求めて多額の身代金を用意した。

しかし、毛はそんな金に見向きもしなかった。張は民衆の前に引きずりだされ、公開裁判にかけられた。裁判と言っても正式な手続きがあるわけではない。単に見せしめだ。毛は民衆を煽って張を罵倒させると、合図を送った。

毛の合図でサーベルは振り下ろされ、張の首は胴体と切り離された。上海クーデターで仲間を殺され、妻も処刑されてしまっていた。ついに毛のモンスターが目覚めてしまったのだ。

その後、毛はソ連の同意を得て、江西省瑞金《ずいきん》に建設された中央革命根拠地に移る。そして、「中華ソビエト共和国臨時中央政府」の樹立を宣言して、その主席となった。

写真：アフロ

毛沢東5

赤色テロ

「潜入国民党工作員」の処刑「富田事件」

瑞金のある中国江西省

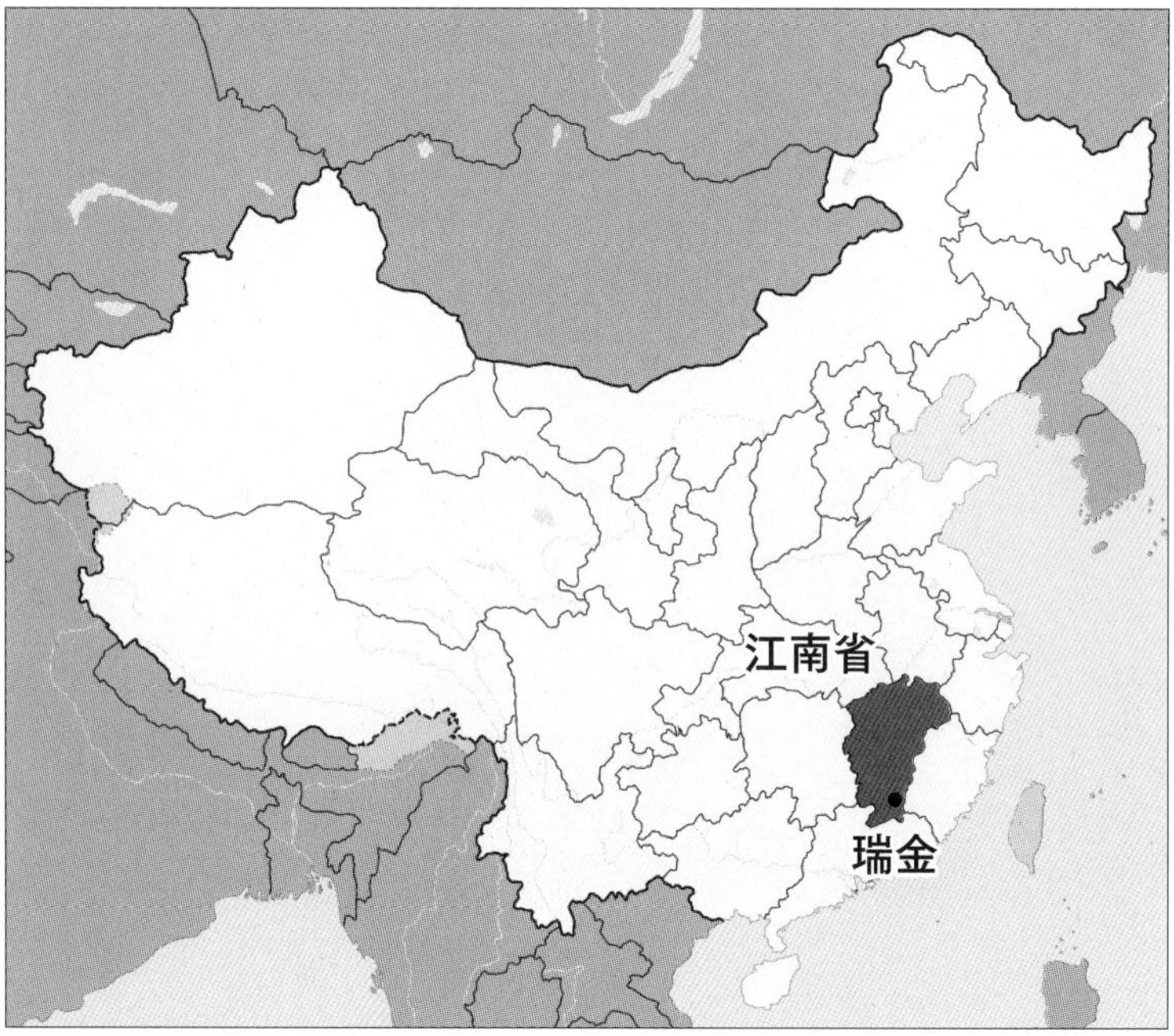

瑞金で主席になった毛沢東

毛沢東の暴力は常に権力闘争と一体であった。国民党との権力争い、共産党内部での権力争い、そして政敵の追い落としのための暴力であった。

さらに、彼の無能による失政は、権力闘争の比ではない犠牲者を出した。これが、共産主義の怖いところである。自立型の経済ではないために、失敗すると、経済自体が滅茶苦茶になり多くの犠牲者を出すことになる。資本主義であれば政府の政策が少々失敗しても、民間ががんばってフォローしてくれる。それが共産主義ではむずかしい。

１９３１年に共産党の首都となった瑞金では、毛は主席であったが、彼を批判する者も少なからずいた。特に富農を狙って金品を巻き上げる行為には否定的な者も多くいた。

このとき、毛が発令したのが、「潜入国民党工作員」への処刑、赤色テロである。「富田事件」とも言われる。このとき粛清された人数は７０００人にも及んでいる。

粛清されたすべてが「潜入国民党工作員」だったわけではないだろう。しかも、彼らの粛清の仕方が、想像を超えたゾッとするほどのものであった。はっきり言って書くのもためらわれる。

親指をゆっくり砕くなんて可愛いもの、ペニスと耳に針金を通しそれを指で弾いて「箏《こと》を弾く人」と呼んでみたり、銃口の掃除に使う棒を真っ赤に熱して肛門に突っ込む。女性に対しては小刀で乳首を斬りつけたり、点火した火縄で膣を焼いたりした。

書いているだけで気が遠くなりそうな拷問だ。もちろん主席たる毛が直接手を下しているわけではない。しかし、「潜入国民党工作員」への処刑を指示したのは毛である。彼は工作員たちへの拷問は見ていない、聞いていないふりをしていたに違いない。

1932年ごろの毛沢東

写真：アフロ

降格させられる毛

ただし、この拷問も幹部の間では悪評になっていた。そして、１９３２年、ソ連留学組の新指導部に毛は指揮権を奪われる。さらに「土地革命」も中止に追い込まれた。そして、中国共産党の本部も上海から瑞金に移ってきて毛の独裁は終わっている。

しかし、ここで神風が吹く。ヒトラーに世界恐慌という神風が吹いたように、毛には国民党の猛攻撃という神風が吹いた。国民党は瑞金の共産党に猛攻撃を加えてきた。それにソ連留学組の新指導部は耐えることができず、瑞金を放棄せざるを得なくなった。

そして、中国共産党の一族郎党は、長征とよばれる長い旅に出ることになったのだ。

毛沢東6

命拾いの長征

国民党の攻撃で失脚した政敵たちと周恩来

周恩来（写真：アフロ）

長征でのし上がる毛沢東

国民党の攻撃と、それに続く長征は毛沢東にとって最大限にラッキーだった。1934年年1月の第6期党中央委員会第5回全体会議（第6期5中全会）で、毛は中央政治局委員に選出されたものの、実権を持つことはできなかった。

毛は干されてしまったのだ。しかし、長征の最中である1935年1月15日に、貴州省遵義《じゅんぎ》で開かれた中国共産党中央政治局拡大会議（遵義会議）で、博古《はくこ》らソ連留学組中心の党指導部は軍事指導の失敗を批判されて失脚した。瑞金を放棄せざるを得なくなった責任を問われたのだ。

新たに周恩来を最高軍事指導者、張聞《ちょうぶん》天《てん》を党中央の総責任者とする新指導部が発足した。毛沢東は中央書記処書記（現在の中央政治局常務委員）に選出されて新指導部の一員となり、周恩来の補佐役となった。その後、毛沢東は周恩来から実権を奪っていく。8月19日、中央書記処の決定により、毛沢東は軍事上の最高指導者の地位に就いた。

彼は1936年秋に、陝西省延安《えんあん》に根

長征時代の毛沢東

毛沢東（写真：アフロ）

拠地を定め、以後、自給自足のゲリラ戦を指揮し、消耗を防ぎながら抵抗活動を続けた。同年12月7日に朱徳《しゅとく》に代わって中華ソビエト共和国中央革命軍事委員会（紅軍の指導機関）主席に就任して正式に軍権を掌握した。

第二次国共合作

そして、その5日後の12月12日に西安事件が起こる。これは、西安で起きた張《ちょう》学良《がくりょう》・楊《よう》虎《こ》城《じょう》らによる蒋介石監禁事件である。コミンテルンの仲介で、半ば強制的に毛は蒋介石と手を結ぶことになる。これが第二次国共合作と呼ばれるものだ。1937年9月に毛と蒋介石の臨時協定が結ばれた。

同年、中華ソビエト共和国は「中華民国陝甘寧辺区政府」に、紅軍は「国民革命軍第八路軍（八路軍）」に改組された。中華ソビエト共和国中央革命軍事委員会も中国共産党中央革命軍事委員会（現在の中国共産党中央軍事委員会）に改組され、毛は改めてその主席に就任した。そして、毛はその地位を最後まで保ち続けることになる。

 写真：アフロ

4万人を処分 整風運動

写真：アフロ

康生にゆだねられた運動

1937年7月7日に日中戦争がはじまる。しかし、国民革命軍も八路軍も日本との真正面からの戦闘は避け続けた。消耗戦に持ち込んでいたのだ。八路軍は農村などに潜り込んで、彼らの支持を得ると同時に彼らからの兵站《へいたん》を確保し、人民に紛れ込んで隠密活動と神出鬼没のゲリラ戦を展開した。

毛沢東は日中戦争の最中、1942年から整風運動を始める。これによって共産党内の反毛沢東派を粛清していった。毛はその運動を康生《こうせい》にゆだねた。

康生は文化大革命時に4人組の後ろ盾になった人物だ。江青《こうせい》はもと康生の愛人だったと言われている。その愛人だった江青を康生は毛沢東に捧げたのだ。

整風運動は、1931年の大粛清たる「富田事件」と比べて死者数は少ないが規模自体は数倍大きくしたものだった。このとき粛清され、党から排斥されたのは4万人。何千人も拷問を受け、何百人もが殺された。

このとき、毛自身が拷問の手ほどきをしたと言われている。「まずは、〃おまえは病気だ！〃と叫びながら、恐怖のあまり汗が噴き出すまで相手を揺さぶり、次に治療（懺悔＝罪の告白）を受けるよう優しく勧めるのだ」。

この言葉通り康生は実施した。多くの共産党員が嘘の自白に追い込まれた。

日本軍と戦う中国八路軍。中国河北省住城県（写真：アフロ）

一生毛沢東の「汚れ役」だった康生

毛が非情なのは、ここに留まるわけではない。実はここからだ。彼は整風運動の責任を問われるのを避けるために、すべての罪を康生に負わせた。康生は批判され失脚する。一時は精神に異常をきたして入院する。しかし、毛は彼を殺すことはなかった。これほどの人を殺すことのできる人間はそれほど多くない。そして康生は、この整風運動後、毛の「汚れ仕事」を引き受け続けることになる。

1945年、日中戦争が終わると国共内戦が勃発した。国共内戦が始まると、毛は地主の土地を没収し農民に分配する「土地革命」を再開し、農民の支持を獲得していった。さらに、「全面侵攻」を進める蒋介石に対して毛沢東はゲリラ戦を展開した。結局、農民の支持を集めた毛がゲリラ戦で勝利した。中国共産党が国民党を中国から追い出すことに成功したのだ。

1949年10月1日、毛は天安門広場で、中華人民共和国の成立を宣言した。

毛沢東8 始まった粛清

「五反運動」と朝鮮戦争で反対勢力を抹殺

写真：アフロ

朝鮮戦争に送った反対派兵士

1949年10月1日、毛沢東は北京の天安門の壇上に立っていた。高らかに中華人民共和国の建国を宣言した。

しかし、まだ、完全に国共内戦は終息してはいなかった。11月30日に重慶を陥落させて蒋介石率いる国民党政府を台湾島に追いやったものの、完全に収束するまでには、それから半年以上はかかった。

この時期の中国は、ソ連と蜜月だった。1949年7月に「向ソ一辺倒」を宣言し、毛はソ連を訪問してスターリンの70歳の誕生日をお祝いし、中ソ友好同盟相互援助条約を締結した。そしてソ連からの援助を引き出すことに成功している

そして、1950年6月朝鮮戦争が勃発。毛は、ソ連の要請を受けて、中国人民志願軍の名のもと、多くの兵士を北朝鮮に送っている。志願軍とは名ばかりで、実質は中国人民解放軍であったことは誰もが知っていることである。

さらに、送られた兵士の多くが、中国の内戦で国民党から共産党に寝返った連中だった。このことはあまり知られていない。毛は、ここで獅子身中の虫になりかねない国民党の生き残りを朝鮮半島に送り込み、アメリカ軍（名称は国連軍）に殺してもらったのだ。

1951年末から毛は、汚職・浪費・官僚主義に反対する「三反運動」を、1952年初頭からは「五反運動」を展開した。「五反運動」は、贈賄・脱税・国家資材の横領と手抜き・材料のごまかし・経済情報の窃盗を徹底して取り締まるものだ。

この「五反運動」の対象は、台湾に逃れず中国本土に残っていた民族資本家や金融関係者だった。これによって、彼らの首根っこをつかみ徹底的に弾圧した。

自己批判を強制して公開リンチ

これに自信を深めた毛は、1952年

中国の実権を握った共産党幹部

周恩来

劉少奇

毛沢東

朱徳

9月24日、社会主義への移行を表明した。

さらに、翌53年1月よりソ連の計画経済をモデルとした第一次五カ年計画を開始、農業の集団化などの社会主義化政策を推進していった。第一次五カ年計画は重化学工業への投資で高い経済成長を達成している。

その後、毛は中華人民共和国の国家機構の改造にも着手。最高権力機関として全国人民代表大会を設置し、中華人民共和国憲法を制定、毛は憲法に基づいて設置した国家主席に就任した。首相にあたる国務院総理には周恩来を据え、全人代常務委員長に劉少奇、国家副主席には朱徳を任命した。

そして、国家主席に就任した毛は、労働改造所を設置して、元中小経営者や急激な社会主義化に反対する勢力や毛に批判的な者たちを粛清していった。さらに、公開批闘大会という公の場で（まさしく公園などで）、毛に批判的なものへ思想改造を求め、集まった多くの民衆に彼らを罵倒させ自己批判に追い詰めていった。まさしく、言葉による公開リンチだったのだ。

写真：アフロ

毛沢東9

スターリン批判

独裁体制を補完するため「百花斉放百家争鳴」運動を提唱

写真：アフロ

許せないフルシチョフ

1956年2月のソ連の指導者であるフルシチョフが行ったスターリン批判は毛沢東には許せないものであった。フルシチョフはスターリン批判を通じて、アメリカとの平和共存を訴え、アメリカに接近していった。それは毛にとって共産主義からの後退にしか見えなかった。

しかし、そのスターリン批判が独裁体制に対する批判だっただけに、その火の粉は毛にも飛び火した。さらに集団指導体制の考えが中国の中でも台頭してきたために、毛はスターリン批判を受けざるを得なくなっていく。

このような状況の中、毛は、突如、最高国務会議で中国共産党に対する積極的な批判を歓迎するという「百花斉放百家争鳴」運動を提唱した。百花斉放百家争鳴とは「多彩な文化を開花させ、多様な意見を論争する」ということである。

当初、運動は弾圧を恐れてあまり盛り上がらなかった。だれもが「五反運動」や公開批闘大会での弾圧を知っているがゆえに、運動への参加を怖がっていた。

そこで毛は1957年2月27日、「民主的諸政党」の代表者（このときはまだ共産党以外の勢力もいた）や中国共産党の幹部に対して最高国務会議を招集し、改めて中国共産党に対する批判を呼びかけた。

許容を超えた共産党批判

これ以後、知識人の間で中国共産党に対する批判が徐々に出始めるようになった。そして、時がたつにつれてその批判は強烈なものに変わっていった。

知識人たちは共産党による中華人民共

大字報

百花斉放がされた壁新聞（参考：文化革命時）

百家運動の担当、陸定一

百花斉放時の毛沢東

写真：アフロ

和国の支配に対して批判した。その批判は、毛沢東の指導力にまで及んでいく。

運動の中で、ある教授は憲法を徹底的に批判した。別の経済学者は共産党主催の公開批闘大会は投獄されるよりもひどいものだと主張した。

劇作家は「芸術に対する『指導』は必要ない。だれがベートーベンを指導できるのか？」と述べた。共産党幹部の一人は朝鮮戦争への中国の支援を批判し、情報の透明性を訴えた。

さらに、党の機関紙である人民日報でさえ、党を間接的に批判するようになった。地方では、内モンゴル大学の教授が「モンゴル民族には固有の文化があり、無理やり漢化すべきではない」と主張した。

まさに百花斉放百家争鳴であった。毛の狙い通りだが、これは毛の許容範囲を超えていた。毛の知識人嫌いが爆発する。

毛沢東10

反右派闘争

知識人の50万人を右派として弾圧

反対派の知識人を洗い出し

毛沢東の知識人への怒りは弾圧に変わっていく。

初めは、運動をセーブするかのように振舞った。いや、実際、批判がエスカレートすることに少々心配していただけかもしれない。毛は「有為な才能のかたわらに、有害な才能が頭をもたげてきた」と中国共産党の内部回覧文書に書いている。そして、彼は新聞に対して、党の批判だけでなく批判者への反批判も行うように推奨した。

しかし、その一方で、党の批判者をする知識人たちを「右派」と呼んで、攻撃の準備を着々と進めた。党中央宣伝部長の胡喬木《こきょうぼく》に対して、その準備を命じている。

反右派闘争の時代1

反右派闘争の時代の１９５６年、工場では第一次五カ年計画が進んでいた（写真：アフロ）

この時、毛沢東は「右派らに言わせておけ、まだ釣り上げてはならない」と述べて、「右派」の膿を出し切ろうとした。後に毛は「百花斉放百家争鳴」運動について、「少なくとも粛清の新たなターゲットをあぶりだすメリットはあった」と述べている。

ちなみに「右派」という言葉は、非常に危ないレッテル貼りで、労働改造所への強制収容どころか、処刑にも値する意味があった。

１９５７年5月23日、ついに一線を越えた。北京大学の学生が「胡風などの中国政府に捕らえられている作家は、人民政府の矛盾の犠牲になっている」と批判したのだ。

これに対して、毛は6月8日の人民日報で、「右派分子が社会主義を攻撃している」という社説を掲載した。さらに、人民日報に毛の演説が掲載された。題して「人民内部の矛盾を正しく処理することについて」だった。

内容は「右派」連中を正しく処分せよ、ということだ。この「右派」のレッテルを貼られたものは毛の言葉を信じて勇気

反右派闘争の時代の1957年、共産党内部では青年委員会の充実が図られていた（写真：アフロ）

を出して党を批判した知識人たちだった。

知識人の十人に一人を処分

知識人の粛清運動である反右派闘争は、この時から始まった。

彼ら知識人に対する公開批闘大会が開かれた。「右派分子」とレッテル貼りされた彼らは、大衆から罵声をあび、何度も何度も自己批判を強制された。さらに言葉だけでなく暴力も振るわれた。教育という名の体罰は残虐な拷問へと変わっていった。

それらの拷問は死へとつながっていた。毛は知識人の「10％は忌むべき右派」だとした。これは公安部が摘発する右派のノルマとなった。知識人の10人にひとりは右派として処分する必要が出てきたのだ。

1957年6月に始まった反右派闘争で、少なくとも中国全国で50万人以上が右派とされ捕まり、あるものは公開批闘大会にかけられ、あるものは投獄させられ処分された。そして、これ以後、1976年に毛が死ぬまで、中国で自由な言論が許されることはなかった。

毛沢東11

大躍進政策1

5000万人が餓死した 20世紀最悪の政策

自由時間に小型溶解炉を使用して鋼を抽出する「最初の食肉工場」（写真：アフロ）

ヒトラーやスターリンより虐殺数は多い

独裁者の勲章は殺した人の数なのかもしれない。普通に生きている人にとっては想像を絶する数の人を殺す。権力を握っていなければ、それほど多くの人を一挙に殺すことはできない。戦争も引き起こせないし、何万もの人を一気に殺すことなどできない。

しかし、権力を持っている独裁者は違う。ヒトラーはホロコーストで170万人を超えるユダヤ人を虐殺した。スターリンは第一次五カ年計画で1200万を超える人を餓死させた。そして、毛沢東は5000万の人々を餓死させている。ポル・ポトなど比べ物にならない。

それが、反右派闘争のあとに起こった「大躍進」である。実際は「大躍進」どころか「大後退」であり、「大虐殺」であった。

毛沢東は、社会主義の建設を急いだ。彼は「イギリスを15年以内に追い越す」ことを目標として、1958年に大躍進政策を発動した。大量の鉄を増産するために、農村での人海戦術に頼る「土法高炉」と呼ばれる原始的な製造法による生産を奨励した。

これによって、農村では農機具がなくなってしまった。「鉄は国家なり」という言葉ある。そんな言葉が出る前から、鉄は稲作を発展させた。鉄で作られた農具が固い土地を耕し、稲を刈ることを容易にした。

にもかかわらず、毛は農家に対して鉄の農機具を「土法高炉」で溶かし、それを原材料とした鉄を作るよう指示したのだ。そんなことをしても鉄くずができるだけだ。質が全く無視された鉄が生み出

中国寧夏回族四十山にできた村民らによる小型鋼製高炉（写真：アフロ）

したものは餓死でしかなかった。

農家から農機具がなくなった

農村からは農機具がなくなり、農民は土地を耕すことさえできなくなった。さらに、それに輪をかけたのが、農村で組織化された「人民公社」だ。

土地が取り上げられ、すべてが集団のものとなった。それは農産物や土地だけではない。子どもたちも集団のものとされ、集団教育と集団給食が行われた。

猫の額ほどの土地も私有地と見なされ、私生活も家族のだんらんもなくなった。子どもたちは男女の別なく共同大宿舎で寝起きし、最高指導者の栄光を讃えた歌をうたって生き方を教えられた。

しかし、これは農民の生産意欲を奪うだけだった。無謀な生産目標は達成されることは当然なく、しかし、実際よりも水増しされた報告書が中央に回るだけの結果になった。

当初、毛はその生産達成報告を聞いて歓喜したが、実態がわかるにつれ大躍進政策は、失敗であったことを知ることになる。

毛沢東12

大躍進政策2

インチキ専門家が指導した鳥の全駆除

集団で食べて、集団で生活する人民公社（写真：アフロ）

昔の智恵はすべて「反動的」

集団化に続いて「3カ年の自然災害」が発生した。

もちろん、これは大躍進が引き起こしたものだ。農村が自然災害に無防備になってしまったことが引き起こした、いわゆる人災である。

農業問題のインチキ専門家は、耕地を保護するとして鳥を大量に駆除した。昔からの知恵も無視された。鳥類が農地の害虫を多く食べてくれるなどという知恵は「反動的」だと批判された。

結果、何が起こったか。山ほど増えた害虫は畑のみならずサイロの中の穀物まで食い荒らした。人々の腹はふくらみ、足はおとろえ、明らかに栄養失調だった。街頭や路地には多くの死体が横たわっていた。

大躍進の発動から数年間で少なくとも2000万人、実際は5000万人を超える餓死者が出たといわれる。

毛沢東は「世界三大大量殺戮者」としてヒトラーやスターリンと比べられるが、数が違い過ぎる。5000万人が日本でなくなったら、人口は半減してしまう。あり得ない数字である。しかし、毛は、この「大躍進」ならぬ「大虐殺」から、一時失脚するが、また復活する。

あり得ない話だが、権力闘争だけには誰よりも長けていた。能力のない権力者がどれほど怖いか、中国人は、この後もまた味わうことになる。

失敗してもタダで起きない毛沢東

集団農法

集団農法という名の人海戦術（写真：アフロ）

毛は大躍進のあと、一時失脚した。当初、大躍進の責任を他の幹部になすり付けようとした。1959年7月から始まった拡大政治局会議で、国防大臣の彭徳懐《ほうとくかい》が毛の大躍進について批判したのだ。毛は、それを逆手にとって彭徳懐が社会主義建設に批判的であり「右派」であると攻撃した。

彭徳懐はそれに対して弁明したが、8月、彼は国防大臣の職を解かれた。

しかし、大躍進の失敗は誰が見ても明らかだった。責任云々前に、この政策を止めなければならない。その役割を果たしたのが劉少奇である。この時、彼は国家主席になっていたが、彼は「大躍進」が明らかに失敗であることの総括を行なったのだ。

そして、彼を筆頭とする鄧小平《とうしょうへい》などの実験派が政治の主導権を握り、毛を経済上の理由から政権の中枢から遠ざけることに成功する。それは、政治的指導者からのパージの意味を持っていた。

毛沢東13

文化大革命1

4人組、姚文元の批判から始まる権力奪還闘争

林彪に用意させた『毛沢東語録』

写真：アフロ

政権の中央から排除された毛沢東は虎視眈々と復帰するチャンスをうかがっていた。彭徳懐のあとの国防大臣に子飼いの林彪《りんぴょう》を配置し、彼に『毛沢東語録』を発行させている。

そして、1965年11月、待っていた時が来た。後の4人組、姚文元《ようぶんげん》の「新編歴史劇『海瑞罷官《かいずいひかん》』を評す」の論文が上海の新聞『文匯報《ぶんわいほう》』に掲載されたのだ。

これは、『海瑞罷官』が、毛が彭徳懐を更迭させたことを暗に批判する劇であると論じたものだ。毛は、早速この劇を反革命劇であるとして利用した。

1966年5月に開かれた党中央政治局拡大会議に、この反革命劇である『海瑞罷官』を擁護した彭《ほう》真《しん》を批判する通知を出したのだ。

そして、新たに中国の文化を正すものとして陳伯達《ちんはくたつ》・康生・江青・張春橋《ちょうしゅんきょう》からなる文化革命の組織を作ることを提案し、同時にそのような事態を招いた中央や地方の代表者は資産階級に属するものとして糾弾した。

これに呼応して同月、北京大学に大字《だいじ》報《ほう》（壁新聞）が貼り出された。その内容は北京大学党委員会の指導部を批判するものだった。それは、教育機関や文化機関を中心に、党・国家機関に対する「造反」の始まりだった。

作られた近衛兵

同じくして、原理主義的な毛沢東思想を信奉する学生たちによって近衛兵と呼ばれる団体が結成された。

翌6月1日には『人民日報』が「横掃一切牛鬼蛇神」（一切の牛鬼蛇神を撲滅せよ）という社説を発表した。この社説の内容は「人民を毒する旧思想・旧文化・旧風俗・旧習慣を徹底的に除かねば

毛沢東の旗を掲げる近衛兵

写真：アフロ

ならない」（これを「破四旧」と呼ぶ）というものだった。

　そして、この社説をきっかけにして、各地に「牛棚」（牛小屋）と呼ばれる私刑施設が作られる。さらに、8月、共産党は第8期11中全会で「中国共産党中央委員会のプロレタリア文化大革命についての決定」（16か条）という文化大革命の定義を明らかにした。

　ついに時が来た。8月5日、毛は「司令部を砲撃せよ」と題した大字報を発表し、紅衛兵に対して、党指導部の実権派である鄧小平や劉少奇国家主席らに対する攻撃を指示したのだ。そして、紅衛兵による官僚や党幹部への攻撃が「造反有理（上への造反には、道理がある）」として、正当化した。

　毛の権力奪取の策謀がフル活動しだした。新たな殺戮の始まりであった。

毛沢東14

文化大革命2

過激化する近衛兵を弾圧した毛沢東

近衛兵にお墨付きを与えた毛沢東

お墨付きを与えられえた青少年は「紅衛兵」と称して、各地で暴動を引き起こした。

8月18日、毛沢東は、自ら天安門広場に赴き、100万人の紅衛兵を前にして、「四旧打破」のスローガンを大々的に打ち上げ、彼らを扇動している。

近衛兵に演説する毛沢東

写真：アフロ

文化大革命は、劉少奇・鄧小平らを実権派（走資派《そうしは》）・修正主義者として糾弾する広汎な大衆運動になっていった。それは酷く暴力的だった。

一方、毛は個人崇拝の対象に祭り上げられた。「偉大的導師、偉大的領袖、偉大的統帥、偉大的舵手、万歳、万歳、万万歳」と称えられていった。

毛の思惑通りだった。

紅衛兵運動は、地方の学生ら青年層をどんどん巻き込んでいった。その範囲は劉少奇国家主席ら中央指導部、教師ら「知識人」などに少しでも関わりのあった者まで及んだ。

各地では、〝伝統的な〟公開批闘大会が開かれ、共産党の地方幹部がひきずり出され、党幹部というだけで罪を着せられ、自己批判を強要された。罵倒を浴びせ、暴力をふるい、それはリンチとなって多くのものが殺された。

彼らの家族までも紅衛兵によって徹底的に迫害された。文化大革命による犠牲者の合計数は数百万から数千万とも言われている。政府高官の見解は2000万人に上るという。

毛沢東に下放させられた近衛兵

そして、この紅衛兵運動は極端な「左」へ偏向していく同時に、紅衛兵の組織同士が互いに抗争を始めた。毛ですら統制不可能な状況に陥った。

権力をとろうとする独裁者のやること

トラックには三角帽子をかぶせられた幹部が載せられている。写真：アフロ

は、いつも一緒である。民衆に火をつけて、彼らを動かし自らの目的を達したら弾圧する。毛も同じだ。この時もそうであった。

紅衛兵は、核兵器に関わる軍事施設への侵入を試みて毛の護衛隊である8341部隊と武力衝突を起こした。これに堪忍袋の緒が切れた毛は人民解放軍に紅衛兵の弾圧を命じた。さらに学生たちには農村への下放を指示した。

学生たちの「造反有理」の造反は毛までには届かなかった。実質的にここで文化大革命は終わった。毛沢東と共に文化大革命を主導した林彪は1971年にクーデターを計画。しかし失敗に終わる。林彪は亡命しようとしたが、搭乗した空軍機がモンゴル領内で墜落し死亡した。

この事件は林彪事件と呼ばれているが、ほんとうに林彪がクーデターを起こそうとしたのか、真相は闇である。もしかすると、毛が文化大革命のしりぬぐいを林彪にさせようとして、それに気が付いた林彪が逃げようとしたのが真相かもしれない。逃げようとした林彪を、毛が墜落させたのだ。

林彪失脚後、毛は人材難からか、鄧小平ら失脚した者を呼び戻しポストを与えた。

毛沢東15

米中接近

対ソ連で利害が一致したニクソンと毛沢東

ニクソンを囲む周恩来と夫人

1972年2月22日火曜日の夜、北京の人民大会堂での文化ショーで、中国の周恩来首相と毛沢東主席の妻である蔣清氏の間に座るニクソン大統領(写真：アフロ)

突然だった首脳会談

毛沢東は文化大革命で自らの権力を盤石なものにした。もう逆らえるものは誰一人としていない。

そのことは誰もがわかっていた。側近であった林彪でさえ、死に追い込んだ毛を批判できるものはいない。

それは政権へ復帰した鄧小平であろうと、ながく毛につかえた周恩来であろうと同じだった。その毛の最後の仕事は米中接近だった。

1972年2月18日、突然、毛がアメリカのニクソン大統領と北京で会談を行ったのだ。これは全世界を驚かせた。多くの世界中の人々は知識人であれ専門家であれ、中国の内情に詳しいものはほとんどいなかった。

西側で中国通と言われる人のほとんどは、中国のプロパガンダに翻弄《ほんろう》されている人たちだった。彼らは大躍進にしろ、文化大革命にしろ、諸手を挙げて礼賛していたのだ。

敵の敵は味方

だから、米中が接近するとは全く思っていなかった。毛の理論は単純だ。敵の敵は味方。中ソの対立が差し迫ってきたとき、毛は時間稼ぎがしたかった。自らが招いたものとはいえ、文化大革命で中国は非常に混乱し荒廃した。その中国を立て直さなければならない。なんとか、その時間が欲しかった。しかし、ウスリー島を挟んでソ連との緊張感は高まるばかりだ。

一方、アメリカも同じだった。アメリカ経済の力は相対的に弱くなってきた。金ドル兌換停止のニクソン・ショックにみられるように、ドルの絶対的優位はな

ニクソンと毛沢東会談

写真：アフロ

くなってきた。さらに、軍事力ではソ連の方が明らかに上回ってきたのだ。ニクソンとしてもなんとかしてソ連を押しとどめたかった。

その利害が合致したのだ。当時中国は国連の加盟が成功し、中華民国を放逐したことで国連安保理常任理事国の地位も手に入れていた。拒否権を行使できる立場になっていたこともあって、世界にとって無視できない存在となっていた。

米中が歩み寄るのは時間の問題だったかもしれない。遅まきながら日本も首相の田中角栄もニクソンの後を追うように中国を訪問して首脳会談を行った。日中国交正常化を果たしている。

毛沢東16
巨星落つ

毛沢東の死で終わった文革路線

毛沢東の葬儀

写真：アフロ

筋萎縮性側索硬化症に罹患

独裁者だからといって死は必ず来る。逃れることはできない。中国でも同じである。秦の始皇帝は不老不死の薬を求めて蓬莱《ほうらい》の国（日本）に徐福《じょふく》を遣わした。しかし、それも成功せず、始皇帝は死んだ。毛もそれは同じだ。

そういう意味では死はかなり公平にできている。事故で死んだり、苦しんだり、若くして死ぬ人もいるが、それは死ぬまでだ。誰もが死は、一度は訪れ、それで、すべてが終わる。たとえ、死後の世界があったとしても、それは、この世でわかるものはほとんどいない。

毛はニクソンとの会見後に筋萎縮性側索硬化症に罹患していることが知った。80歳になっていた毛は、神経退行で筋肉がこわばり、呼吸が苦しくなり、発声もうまくできなくなっていた。医師団が懸命の治療を行ったが、長年の喫煙による慢性的な気管支炎が毛の体力を奪っていった。

さらに、1975年には白内障も悪化。8月には右目の手術をして視力は回復したものの、秋には肺気腫から心臓病を引き起こして深刻な状況となった。

82歳で死去

1976年1月8日、周恩来が死亡した。毛は4月5日、第一次天安門事件が発生すると、鄧小平を再度失脚させた。そして、これが本当の最後の仕事となった。最後の最後まで権力闘争をしていたわけだ。

7月6日には革命の元勲である朱徳も死亡した。そして、9月9日0時10分、毛沢東は北京の中南海にある自宅において、82歳で死去した。北京電視台で午後7時からの放送開始時に葬送曲とインターナショナルを流した後に、中国共産党中央委員会からの訃告を読み上げた。日本ではNHKが午後5時10分に「毛主席死去」と速報を流した。

9月18日には天安門広場で国葬が実施された。遺体は北京市内の天安門広場にある毛主席紀念堂内に安置され永久保存・一般公開されている。

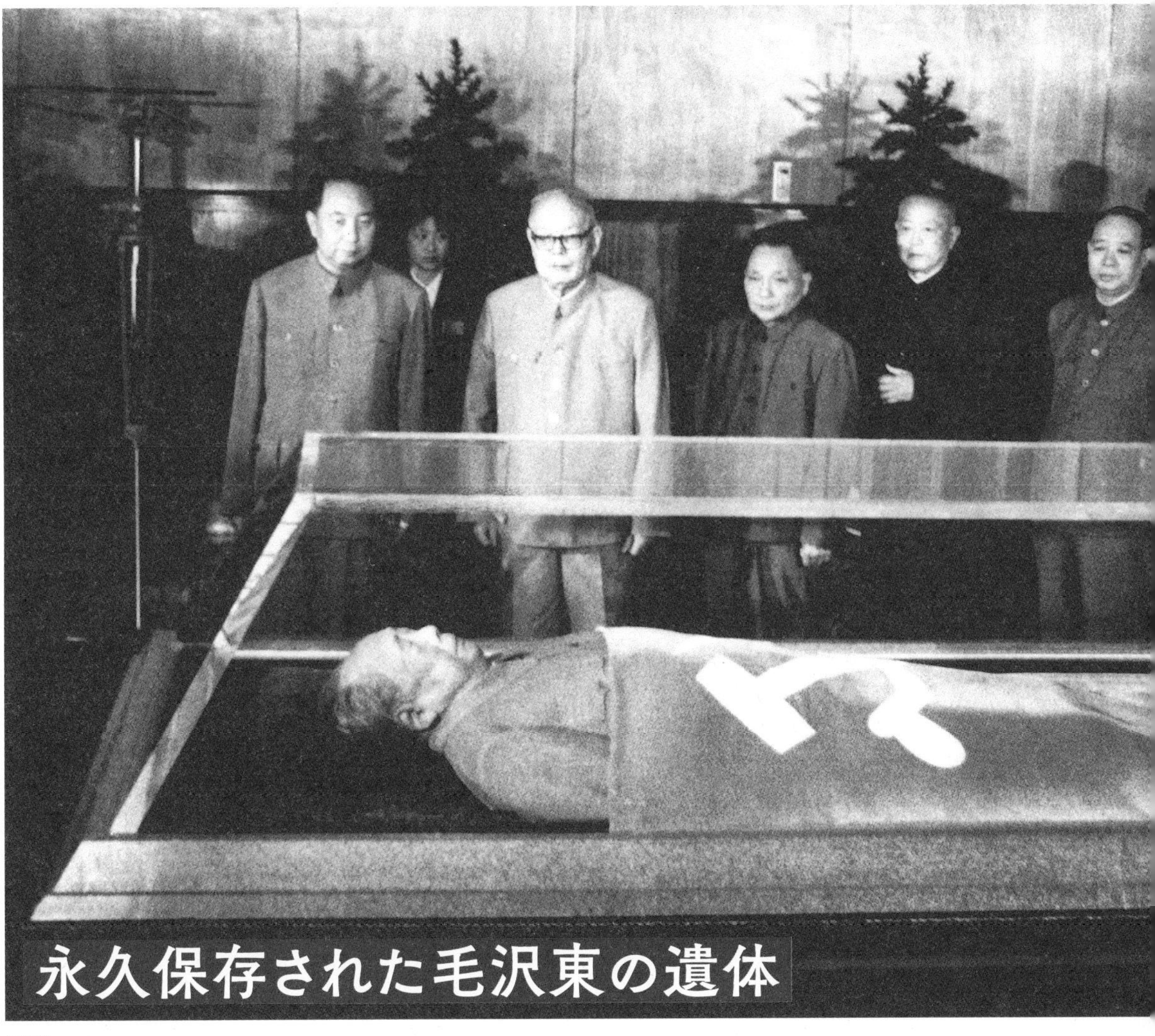

永久保存された毛沢東の遺体

写真：アフロ

実権派で生き残った鄧小平が権力を掌握

最後のあがきを見せた四人組

毛沢東のあとの政権を握ったのは鄧小平である。

毛の体調悪化と時を同じくして、文化大革命による国家の混乱の収拾と行政の再建に力を尽くしていた周恩来も膀胱癌が悪化して床にふしたままだった。毛は周恩来の補佐として、1973年に鄧小平を復活させ、1974年には彼を第一副首相に任命した。

さらに、鄧小平は病床の周恩来に代わり、1975年1月より党と国家の日常業務を担うようになった。

鄧小平は文革路線からの脱却を図ろうとしたが、文革を推進してきた江青ら四人組がそれの邪魔をした。彼らは周恩来・鄧小平批判を繰り返した。

毛沢東の連絡員となった毛遠新は四人組のシンパであった。毛に会うたびに病床で鄧小平批判を繰り広げた。毛もそれに応えるようになった。

前項でも触れたが、1976年1月8日の周恩来死去をきっかけに起きた第一次天安門事件が発生すると、毛は鄧小平を再度失脚させている。

1976年9月9日、その毛が死んだ。毛のいない4人組など、何の力もない。毛の死の直後に4人組の江青・張春橋・姚文元・王洪文《おうこうぶん》は逮捕・投獄され、ここで文化大革命は終わった。

写真：アフロ

党と軍を掌握した鄧小平

しかし、江青4人組のなきあとに最高指導者に就任したのは、華国鋒《かこくほう》だった。彼は「二つのすべて」（毛沢東の指示は全て守る）の方針を打ち出した。これは文革路線を継続させ、毛沢東の指示によって地位剥奪された人々を復権させないことを意味した。

中国はどこへ行くのか？

紫禁城（写真：アフロ）

鄧小平はこれに対して「毛主席の言葉を一言一句墨守することは、毛沢東思想の根幹である〝実事求是〟に反する」との論法で真っ向から反論した。実際は文革路線の否定をするためのものだった。

党と軍の大勢は鄧小平を支持した。彼らは文化大革命で混乱し荒廃した中国を見てきた。また同じ道に戻ろうとは思わなかった。毛が生きていれば、それは仕方なかったが、いまは違う。

鄧小平が党と軍を掌握した。華国鋒は失脚して実権を失った。「二つのすべて」も否定された。完全に文化大革命は終わった。

そして、独裁者を作らない体制を整えた。党主席のポストが廃止され、存命指導者への崇敬も抑制された。その後、中国は改革開放政策へ突き進むことになる。

中国は、世界第二位の経済大国になったいま、新たな独裁者があらわれようとしている。それはロシアも同じだが。いま、世界はどこへ向かおうとしているのだろうか。

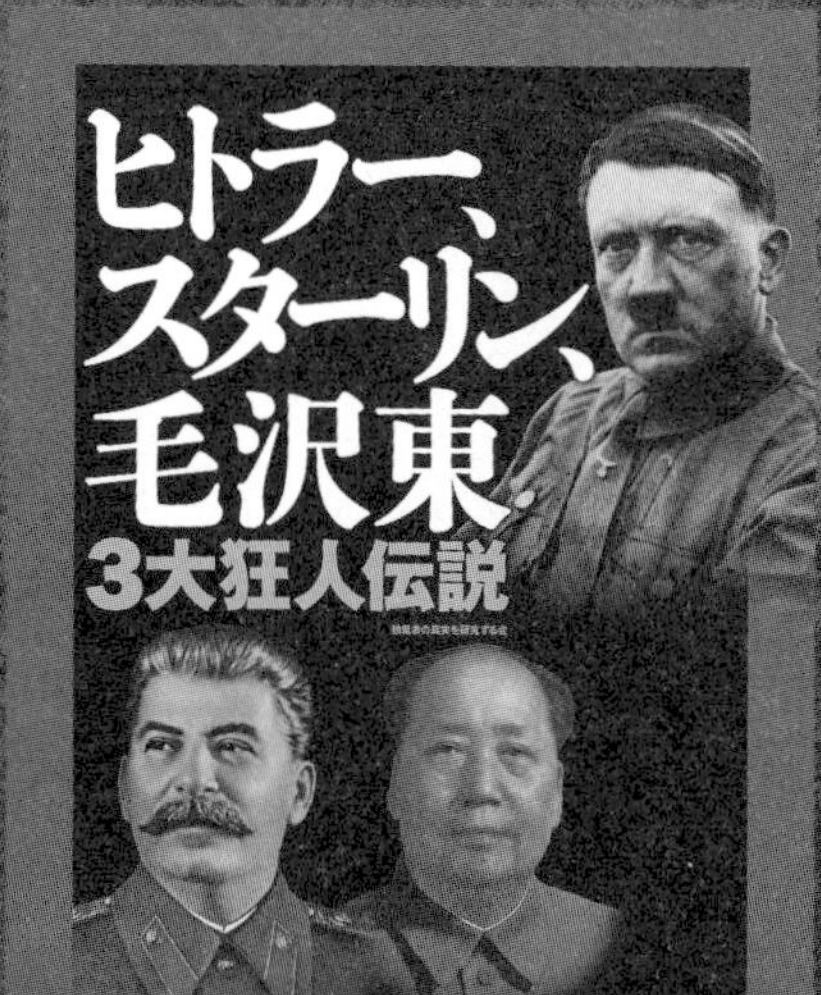
ヒトラー、
スターリン、
毛沢東
3大狂人伝説
宝島社

主な参考文献

『「悪」が変えた世界史　上下』（ヴィクトル・バタジオン、2020、原書房）、『スターリンの正体』（舛添要一、2022、小学館新書）、『独裁者のデザイン』（松田行正、2019、平凡社）、『20の視点から見たヒトラーの真実と伝説　上下』（クロード・ケテル、2022、原書房）、『世界史の新常識』（文藝春秋編、2019、文春新書）、『ヒトラー』（芝健介、2021、岩波新書）、『図表と地図で知る　ヒトラー政権下のドイツ』（クリス・マクナブ、2011、原書房）、『ヒトラー狂気伝説』（「ヒトラーとナチスの真相」を究明する会、2024、宝島SUGOI文庫）、『独裁者が変えた世界史 上下』（オリヴィエ・ゲズ、2020、原書房）、Wikipedia. ほか

ヒトラー、
スターリン、
毛沢東
3大狂人伝説
宝島社

独裁者の真実を研究する会

ウクライナへのソ連の侵略から、いまなぜまたヨーロッパで戦争が起きているのか。それはプーチンが独裁的体質を持っているからなのか？　そもそも独裁とは何か？　からは始まったグループ。今回がグループとしては初めての著作になる。

さらに、アメリカ大統領の候補者であるトランプは、はたして独裁者といえるのか？　この点も非常に興味のあるところ。ヒトラーは民主的な選挙で選ばれて独裁者になった。果たしてトランプはどうなるのか。民主主義を守るのか。それともアメリカ国民が彼を排除するのか。行方が非常に気になっている。

ヒトラー、スターリン、毛沢東
3大狂人伝説

2024年6月28日　第1刷発行

著　者　独裁者の真実を研究する会

発行人　関川 誠
発行所　株式会社宝島社
〒102-8388
東京都千代田区一番町25番地
電話　営業　03-3234-4621
編集　03-3239-0928
https://tkj.jp

印刷・製本 中央精版印刷株式会社

Printed in Japan
ISBN978-4-299-05629-0

装丁／妹尾善史（landfish）
本文デザイン&DTP／株式会社ユニオンワークス
編集／小林大作、中尾緑子